石油高职教育"工学结合"规划教材

采油工程实训指导

(第二版·富媒体)

张鉴益　于春玲　张宝红　主编
周小东　主审

石油工业出版社

内 容 提 要

本书系统讲述了采油常用工具、量具、仪器仪表的使用，现场急救，自喷井管理，抽油井管理，电动潜油泵井管理，螺杆泵管理，注水站管理，采油井站设备管理，单井动态分析，采油自动化管理等方面的基础知识与操作技能。全书结合石油行业标准，本着理论与实践相结合的原则，结合职业技术教育的特点，突出了采油现场技能学生实际操作能力的培养。同时，本书以二维码为纽带，加入了8所石油高职院校老师制作的精品微课、动画，为读者提供更为丰富和便利的学习环境。

本书可作为高职高专石油工程技术专业的教学用书，也可作为采油工程技术人员及高级技工培训的参考用书。

图书在版编目（CIP）数据

采油工程实训指导：富媒体/张鉴益，于春玲，张宝红主编. —2 版. — 北京：石油工业出版社，2018.9

石油高职教育"工学结合"规划教材

ISBN 978-7-5183-2794-2

Ⅰ. ①采… Ⅱ. ①张…②于…③张… Ⅲ. ①石油开采—高等职业教育—教材 Ⅳ. ①TE35

中国版本图书馆 CIP 数据核字（2018）第 195930 号

出版发行：石油工业出版社

（北京市朝阳区安定门外安华里 2 区 1 号楼　100011）

网　　址：www.petropub.com

编辑部：（010）64523694　图书营销中心：（010）64523633

经　销：全国新华书店

排　版：北京密东文创科技有限公司

印　刷：北京中石油彩色印刷有限责任公司

2018 年 9 月第 2 版　　2018 年 9 月第 4 次印刷

787 毫米×1092 毫米　开本：1/16　印张：11.5

字数：295 千字

定价：29.00 元

（如出现印装质量问题，我社图书营销中心负责调换）

版权所有，翻印必究

《采油工程实训指导(第二版·富媒体)》
编 审 人 员

主　　编：张鉴益　　天津工程职业技术学院
　　　　　于春玲　　大港油田采油四厂
　　　　　张宝红　　大港油田采油四厂
副 主 编：孙晓娟　　天津工程职业技术学院
　　　　　王晓丛　　大庆职业学院
　　　　　于兴才　　大港油田采油四厂
主　　审：周小东　　大港油田采油五厂
参编人员：(按照姓氏拼音排序)
　　　　　付　强　　湖北科技职业学院
　　　　　高　瑶　　延安职业技术学院
　　　　　高文阳　　盘锦职业技术学院
　　　　　郭春彦　　松原职业技术学院(吉林油田职业教育中心)
　　　　　华　强　　濮阳职业技术学院
　　　　　蒋定建　　克拉玛依职业技术学院
　　　　　刘春燕　　承德石油高等专科学校
　　　　　罗红芳　　延安职业技术学院
　　　　　吕凤滨　　天津石油职业技术学院
　　　　　任　吟　　湖北科技职业学院
　　　　　单秀华　　承德石油高等专科学校
　　　　　谭冬寒　　濮阳职业技术学院
　　　　　王金树　　承德石油高等专科学校
　　　　　魏真真　　中国石油大学胜利学院
　　　　　鄢　维　　湖北科技职业学院
　　　　　燕　伟　　延安职业技术学院
　　　　　张　滨　　大港油田采油二厂
　　　　　张润进　　大港油田采油四厂
　　　　　张相军　　大港油田采油四厂
　　　　　周忠军　　大港油田采油四厂

第二版前言

根据 2015 年 10 月召开的"高职高专石油工程类专业'十三五'规划教材研讨会"的有关精神,2016 年 4 月 23 日在天津工程职业技术学院召开了《钻井工程实训指导(第二版)》《钻井液实训指导》《采油工程实训指导(第二版)》《保护油气层技术(第二版)》等 4 种石油高职高专"十三五"规划教材的编写研讨会。本书就是根据会议精神进行编写的,力求符合行业、企业规范,理论与实际相结合,科学性与实用性相结合,着重培养现场工作能力,使学生真正掌握本专业的理论知识和操作技能。

根据第一版教材在各高职院校使用的情况,以及目前采油工程技术的现状,编者对各章节内容进行了很大的改动,增加了数字化油田的内容。改版后的教材,更加具有实践性和先进性;图片、动画及微课等富媒体资源的加入,也使新版教材更加贴近现场,更加适合高职院校的学生学习。

本书由天津工程职业技术学院负责组织编写,共有十个项目,每个项目又包含不同的任务模块。其中,项目一中的任务 1~12 由承德石油高等专科学校单秀华编写,任务 13 和 14 由大港油田张滨编写;项目二由湖北科技职业学院付强、鄢维和任吟编写;项目三由天津工程职业技术学院孙晓娟和大港油田专家于春玲、张宝红编写;项目四中的任务 1~12 由延安职业技术学院燕伟、罗红芳、高瑶编写;项目四中的任务 13~22、项目五、项目六由天津工程职业技术学院张鉴益和大港油田专家于春玲、张宝红、于兴才编写;项目七由大庆职业学院王晓丛编写;项目八由大港油田专家于春玲、张宝红、于兴才、周忠军编写;项目九中的任务 1~3 由承德石油高等专科学校刘春燕编写,任务 4、5、7、8 由濮阳职业技术学院华强、谭冬寒编写,任务 6 由大港油田张相军编写;项目十由大港油田张宝红、张润进编写。

本书由张鉴益、于春玲、张宝红担任主编,孙晓娟、王晓丛、于兴才担任副主编,周小东担任主审;书中部分动画、插图由大港油田黄兴鸿制作。

本书在出版过程中,得到了各石油高职院校老师的大力支持,克拉玛依职业技术学院蒋定建,中国石油大学胜利学院魏真真,承德石油高等专科学校王金树,盘锦职业技术学院高文阳,松原职业技术学院(吉林油田职业教育中心)郭春彦,湖北科技职业技术学院付强、任吟,天津石油职业技术学院吕凤滨均无偿贡献出自己的微课视频,在此表示诚挚的谢意!

由于编者水平有限,书中难免存在不足甚至错误之处,敬请读者批评指正。

编　者

2018 年 6 月

第一版前言

2006年4月,在渤海石油职业学院召开了石油高职高专实训类规划教材编写提纲审定会。本教材就是根据这次教材编写提纲审定会的要求,由渤海石油职业学院等五所院校共同编写的。教材编写遵循的原则是:

(1)高职高专教育属于高等教育,教材应突出高层次性、突出技术性;

(2)根据高职高专"培养适应一线需要的高级技术应用型人才"这一培养目标的要求,从本专业的实际要求出发,理论联系实际,注重学生的职业能力的培养,教材应突出职业性、突出应用性;

(3)与本专业的工人职业技能培训、考核与鉴定相结合,突出教材的广泛性与实用性。

本教材从一线生产实际出发,按照采油生产工艺和岗位群的要求编写,共分九个项目,内容包括:采油基本技能,自喷井生产管理,抽油井生产管理,注水井生产管理,测试生产管理,油水井资料管理,油水井动态分析管理,油气集输站管理和采油自动化生产管理。

共有五所院校的老师参加了本教材的编写工作,编写分工如下:渤海石油职业学院孙金凤、刘九忠编写项目一,郑爱军编写项目三(课题十一除外),王宝峰编写项目九;辽河石油职业技术学院秦旭文编写项目二,苗崇良编写项目四;胜利职业学院庞素珍编写项目五、项目七;大庆职业学院王岚编写项目三中课题十一、项目六;天津工程职业技术学院杨兰侠、大港油田分公司第四采油厂工程站罗建龙编写项目八。

本教材主编郑爱军,副主编苗崇良、庞素珍、王岚、杨兰侠,主审崔树清。

本教材作为高职高专院校油气开采技术专业学生的校内、校外实训教材,也可作为相关专业人员培训、考核及鉴定的参考用书。

由于编者水平有限,如有错误和不妥之处,敬请批评指正。

编 者
2007年3月

目　　录

项目一　常用工具、量具、仪器仪表的使用 ……………………………… 1
　任务1　常见扳手的使用 ……………………………………………………… 1
　任务2　管钳、管子压力钳的使用 …………………………………………… 3
　任务3　手钢锯的使用 ………………………………………………………… 5
　任务4　试电笔的使用 ………………………………………………………… 6
　任务5　水平仪的使用 ………………………………………………………… 8
　任务6　千斤顶的使用 ………………………………………………………… 9
　任务7　游标卡尺的使用 ……………………………………………………… 11
　任务8　电动套丝机的使用 …………………………………………………… 13
　任务9　钳形电流表的使用 …………………………………………………… 14
　任务10　万用表的使用 ……………………………………………………… 15
　任务11　兆欧表的使用 ……………………………………………………… 17
　任务12　综合测试仪的使用 ………………………………………………… 18
　任务13　黄油枪的使用 ……………………………………………………… 20
　习题 …………………………………………………………………………… 20

项目二　现场急救 ……………………………………………………………… 24
　任务1　正确使用灭火器 ……………………………………………………… 24
　任务2　正确使用正压式空气呼吸器 ………………………………………… 26
　任务3　触电的现场急救 ……………………………………………………… 27
　任务4　硫化氢中毒的现场急救 ……………………………………………… 29
　任务5　烧烫伤的现场急救 …………………………………………………… 30
　任务6　中暑的现场急救 ……………………………………………………… 32
　任务7　外伤的现场急救 ……………………………………………………… 33
　习题 …………………………………………………………………………… 34

项目三　自喷井管理 …………………………………………………………… 38
　任务1　自喷井开井 …………………………………………………………… 38
　任务2　自喷井关井 …………………………………………………………… 40
　任务3　自喷井巡回检查 ……………………………………………………… 41
　任务4　检查(更换)自喷井油嘴 ……………………………………………… 42
　任务5　自喷井机械清蜡 ……………………………………………………… 44
　任务6　自喷井常见故障判断与处理 ………………………………………… 45
　习题 …………………………………………………………………………… 48

项目四 抽油井管理 … 49
- 任务1 抽油机井开井 … 50
- 任务2 抽油机井关井 … 52
- 任务3 启动游梁式抽油机 … 53
- 任务4 停止游梁式抽油机 … 55
- 任务5 抽油机井巡回检查 … 56
- 任务6 更换井口压力表 … 58
- 任务7 井口取样 … 59
- 任务8 用钳型电流表测量抽油机平衡 … 61
- 任务9 抽油机一级保养 … 62
- 任务10 更换抽油机井光杆密封填料 … 64
- 任务11 检测抽油机底座水平 … 66
- 任务12 测量游梁式抽油机曲柄剪刀差 … 67
- 任务13 游梁式抽油机更换皮带操作 … 69
- 任务14 游梁式抽油机井调防冲距操作 … 70
- 任务15 抽油机井碰泵操作 … 72
- 任务16 游梁式抽油机调整冲次(电动机轮)操作 … 74
- 任务17 抽油机井井口憋压(抽压) … 77
- 任务18 抽油机二级保养 … 78
- 任务19 抽油机井热洗 … 81
- 任务20 更换抽油机曲柄销子总成 … 83
- 任务21 抽油机调冲程 … 85
- 任务22 抽油井生产管理中常见故障判断与处理 … 87
- 习题 … 90

项目五 电动潜油泵井管理 … 95
- 任务1 启动电动潜油泵井 … 97
- 任务2 停止电动潜油泵井 … 98
- 任务3 电动潜油泵井巡回检查 … 99
- 任务4 检查更换电动潜油泵井油嘴 … 101
- 任务5 更换电动潜油泵井电流卡片 … 102
- 任务6 调整电动潜油泵井过载、欠载值 … 103
- 任务7 电动潜油泵井热洗 … 105
- 习题 … 106

项目六 螺杆泵井管理 … 111
- 任务1 启动螺杆泵井 … 112
- 任务2 停止螺杆泵井 … 114
- 任务3 螺杆泵井巡回检查 … 115
- 习题 … 116

项目七 注水井管理 ································ 118
  任务1 注水井开井 ································ 118
  任务2 注水井关井 ································ 119
  任务3 注水井巡回检查 ···························· 120
  任务4 注水井注水量调整 ·························· 121
  任务5 注水井正注倒反洗 ·························· 122
  习题 ·· 123

项目八 井站设备管理 ································ 125
  任务1 启动离心式输油泵 ·························· 125
  任务2 停止离心式输油泵 ·························· 127
  任务3 站内巡回检查 ······························ 128
  任务4 更换闸板阀密封填料 ························ 129
  任务5 更换法兰垫片 ······························ 130
  任务6 绘制井站流程图 ···························· 131
  习题 ·· 133

项目九 单井动态分析 ································ 136
  任务1 油水井报表填写 ···························· 136
  任务2 绘制油水井管柱图 ·························· 140
  任务3 绘制采油井采油曲线图 ······················ 143
  任务4 分析示功图 ································ 145
  任务5 分析注水指示曲线 ·························· 148
  任务6 分析电动潜油泵井电流卡片 ·················· 152
  任务7 油井单井动态分析 ·························· 155
  任务8 注水井单井动态分析 ························ 157
  习题 ·· 159

项目十 采油自动化管理 ······························ 163
  任务1 油水井信息采集与展示平台的使用 ············ 163
  任务2 压力变送器的安装操作 ······················ 164
  任务3 压力变送器的维护 ·························· 166
  任务4 站库无人值守系统操作 ······················ 167
  习题 ·· 169

参考文献 ·· 172

富媒体资源目录

名　　称	提供者	页码
视频 1　采油工常用工具、用具的使用	天津工程职业技术学院 张鉴益	1
视频 2　心肺复苏	克拉玛依职业技术学院 蒋定建	28
视频 3　自喷井开井	天津工程职业技术学院 张鉴益	38
视频 4　自喷井关井	天津工程职业技术学院 张鉴益	40
视频 5　自喷井巡回检查	天津工程职业技术学院 张鉴益	41
视频 6　检查(更换)自喷井油嘴	天津工程职业技术学院 张鉴益	43
视频 7　自喷井机械清蜡	天津工程职业技术学院 张鉴益	44
视频 8　有杆泵采油系统	中国石油大学胜利学院 魏真真	49
视频 9　抽油机井开井	天津工程职业技术学院 张鉴益	50
视频 10　游梁式抽油机井开井	承德石油高等专科学校 王金树	50
视频 11　游梁式抽油机的启动	盘锦职业技术学院 高文阳	53
视频 12　停止游梁式抽油机	天津工程职业技术学院 张鉴益	55
视频 13　更换井口压力表	天津工程职业技术学院 张鉴益	58
视频 14　抽油井井口取样	天津工程职业技术学院 张鉴益	60
视频 15　抽油机测电流操作	松原职业技术学院(吉林油田职业教育中心) 郭春彦	61
视频 16　用钳型电流表测抽油机平衡	天津工程职业技术学院 张鉴益	61
视频 17　更换抽油机井光杆密封填料	天津工程职业技术学院 张鉴益	64
视频 18　油然而"升"之电动潜油泵	湖北科技职业学院 任吟	95
视频 19　采油利器——螺杆泵	湖北科技职业学院 付强	111
视频 20　更换法兰垫片	天津石油职业技术学院 吕凤滨	130
视频 21　油水井信息采集与展示平台的操作	天津工程职业技术学院 张鉴益	163

项目一
常用工具、量具、仪器仪表的使用

任务1 常见扳手的使用

视频1 采油工常用工具、用具的使用

扳手主要用来扳动一定范围尺寸的螺栓、螺母,启闭阀类,上、卸杆类螺纹等。常用有四种类型:梅花扳手、套筒扳手、活动扳手和呆扳手。

一、梅花扳手

梅花扳手的扳头是一个封闭的梅花形(图1-1)。当螺母和螺栓头的周围空间狭小,不能容纳普通扳手时,就采用这种扳手。梅花扳手常用的规格有 14~17mm、17~19mm、22~24mm、24~27mm、30~32mm 等(表1-1)。

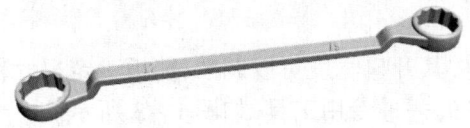

图1-1 梅花扳手

表1-1 梅花扳手规格

规格,mm×mm	8×10	10×12	12×14	14×17	16×18	17×19	19×22	22×24	24×27
螺母对边宽度,mm	8,10	10,12	12,14	14,17	16,18	17,19	19,22	22,24	24,27

1. 梅花扳手使用方法

(1)使用时一定要选配好规格,使被扭螺母和梅花扳手的规格尺寸相符。

(2)左手推住梅花扳手与螺栓连接处,保持梅花扳手与螺栓完全配合,防止滑脱,右手握住梅花扳手另一端并加力。

(3)梅花扳手可将螺栓、螺母的头部全部围住,因此不会损坏螺栓角,可以施加大力矩。

2. 梅花扳手操作安全要求

(1)不要使用带有损坏或有裂纹的梅花扳手,否则会伤人。

(2)梅花扳手的选用要与螺栓或螺母的规格相匹配。

(3)要将螺栓或螺母套牢固后才能扳动用力,否则会损坏螺栓或螺母。

(4)严禁使用加力杆,严禁锤击扳手以增加力矩,否则会损坏扳手或螺栓、螺母。

二、套筒扳手

当螺母或螺栓头的空间位置有限,用普通扳手不能工作时,就需采用套筒扳手,如图1-2所示。

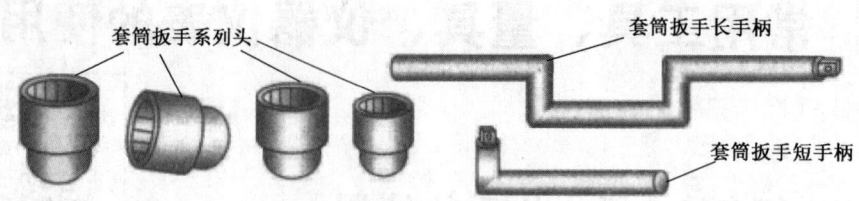

图1-2 套筒扳手

1.套筒扳手使用方法

(1)根据被扭件选规格,将扳手头套在被扭件上。
(2)根据被扭件所在位置大小选择合适的手柄。
(3)扭动前必须把手柄接头安装稳定才能用力,防止打滑脱落伤人。
(4)扭动手柄时用力要平稳,用力方向与被扭件的中心轴线垂直。

2.套筒扳手操作安全要求

(1)不要使用出现裂纹或已损坏了的套筒。
(2)严禁用锤子将套筒击入变形的螺栓、螺母六角进行拆装,避免损坏套筒。

三、活动扳手

活动扳手又叫活络扳手,其开口宽度可以调节,能扳一定尺寸范围内的螺栓或螺母。活动扳手是用来紧固和拧松螺母的一种专用工具,如图1-3所示。

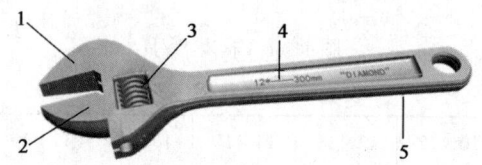

图1-3 活动扳手示意图
1—呆扳唇;2—活络扳唇;3—蜗轮和轴销;4—尺寸标识;5—手柄

活动扳手由头部和柄部组成,而头部则由活络扳唇、呆扳唇、扳口、蜗轮和轴销等构成。旋动蜗轮就可调节扳口的大小。常用活动扳手的规格见表1-2。

表1-2 常用活动扳手的规格

长度	mm	100	150	200	250	300	375	450	600
	in	4	6	8	10	12	15	18	24
开口最大宽度,mm		14	19	24	30	36	46	55	65

1.活动扳手使用方法

(1)将扳口调节到比螺母或螺栓外径稍大些,用右手指旋动蜗轮使扳口压紧螺母。

(2)扳动大螺母或螺栓时,手应握在手柄的尾处。扳动小螺母或螺栓时,易打滑,故手应握在靠近头部的地方,随时调节蜗轮,收紧活络扳唇,防止打滑。

2.活动扳手操作安全要求

(1)使用扳手夹螺母应松紧适宜。

(2)不能当作撬杆或手锤使用,也不能用手锤敲击扳手。

(3)使用时应根据所上、卸螺母、螺栓的规格大小来选择所用扳手。

(4)使用扳手时,最好是拉动而不是推动,拉力的方向要与扳手的手柄成直角,非推不可时,用手掌推,手指伸开,防止撞伤关节。禁止反打扳手。

(5)使用扳手时不能在手柄上接加力杠,防止超力比范围造成伤害。

四、呆扳手

呆扳手是一种固定尺寸的专用工具,如图1-4所示。呆扳手主要是做专项工作用的,在扭矩较大时,可与手锤配合使用。

使用时需注意,在需要较大力量时,不能打滑、砸手,更不能用过大的手锤敲击。

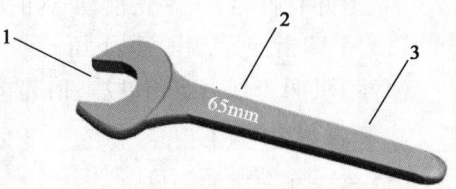

图1-4 呆扳手示意图
1—开口;2—尺寸规格;3—手柄

任务2 管钳、管子压力钳的使用

一、管钳

管钳是用来转动金属管或其他圆柱形工件的,是管路安装和修理的常用工具。管钳的结构和使用方法如图1-5所示。

(a)结构　　　　　　(b)使用方法

图1-5 管钳结构和使用方法示意图
1—活动钳口;2—固定钳口;3—固定钳口架;4—尺寸规格;5—管钳手柄;6—开口调节环;7—夹持件;8—紧固方向

管钳规格是指管钳头开口最大时的长度乘以可咬管子最大直径,如450×60。人们常说的"24in、36in、48in"就是指管钳长度,常用管钳技术规范见表1-3。

表 1-3 常用管钳技术规范

管钳规格,mm	450	600	900	1200
使用范围,mm	<40	50~62	62~76	76~100
可钳管子最大直径,mm	60	75	85	110

1. 管钳使用方法

(1)根据所用管子的直径或管件的大小,选择合适的管钳。

(2)使用前,检查固定销钉钳是否牢固,钳柄、钳头有无裂痕。

(3)搭管钳时,开口要合适。

(4)上卸管件时,一手扶活动管钳头,一手抓管柄,将管钳的钳牙咬在管子上,待咬紧后,扶管钳的手四指伸开,用手掌下压。

(5)当钳柄压到一定角度后,抬起管柄,扶钳头的手及时松开,重复旋转。

2. 管钳操作安全要求

(1)要选择合适的规格。

(2)钳头开口要等于工件的直径。

(3)钳头要卡紧工件后再用力扳,防止打滑伤人。

(4)用加力杆时长度要适当,不能用力过猛或超过管钳允许强度。不能将管钳当作撬杆或手锤使用。

(5)管钳牙和调节环要保持清洁。

(6)操作位置受限,要用手推手柄时,应有保护措施。

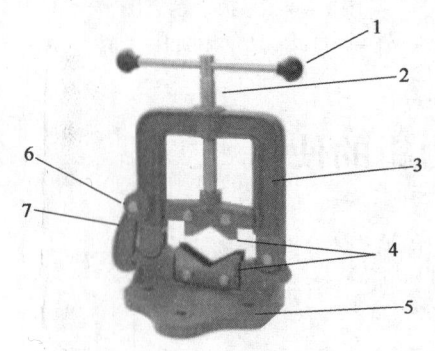

图 1-6 管子压力钳
1—加力杠;2—夹紧丝杠;3—钳架;4—上、下牙块;
5—钳座;6—活动锁销;7—活动销架

二、管子压力钳

管子压力钳是用于夹紧管子,以便进行铰制螺纹、切割等加工的专用工具,结构如图 1-6 所示,技术规范见表 1-4。

表 1-4 管子压力钳技术规范

型号	1	2	3	4	5	6
夹持管子最大外径,mm	70	90	110	150	200	250

1. 管子压力钳使用方法

(1)必须牢固地安装在钳台上,两个紧固螺钉必须上紧,使工作时钳身没有松动现象。

(2)夹紧工件时只允许依靠手的力量来夹扳动手柄,以免丝杆螺母或钳身损坏。

(3)在进行强力作业时,应尽量朝向固定钳身,否则将额外增加丝杆和螺母的受力,以致造成螺纹的损坏。

(4)不要在活动钳身的光滑平面上进行敲击工作,以免降低它与固定钳身的配合性能。

(5)丝杆、螺母和其他活动表面上都要经常加润滑油并保持清洁,以利于润滑和防止生锈。

2. 管子压力钳使用注意事项

(1)管子压力钳固定在操作平台上必须牢固。

(2)夹紧工件时,只允许依靠手的力量来扳动手柄,不许用手锤敲击手柄,以免钳身损坏。

(3)丝杠、螺母和其他活动表面上要经常加润滑油并保持清洁,以利润滑。

3. 管子压力钳操作安全要求

(1)管子压力钳必须牢固地安装在操作平台上,工件要夹紧,以免滑落造成人身伤害。

(2)工件紧固后,手柄禁止露外端。

任务3　手钢锯的使用

手钢锯主要用来割锯金属工件,由锯弓和锯条组成,按安装锯条的方式,可分为可调式和固定式两种。固定式锯弓只能安装一种长度的锯条,可调式锯弓通过调整可安装多种长度的锯条。安装时锯条齿方向一定要正确。手钢锯结构及使用方法如图1-7所示。

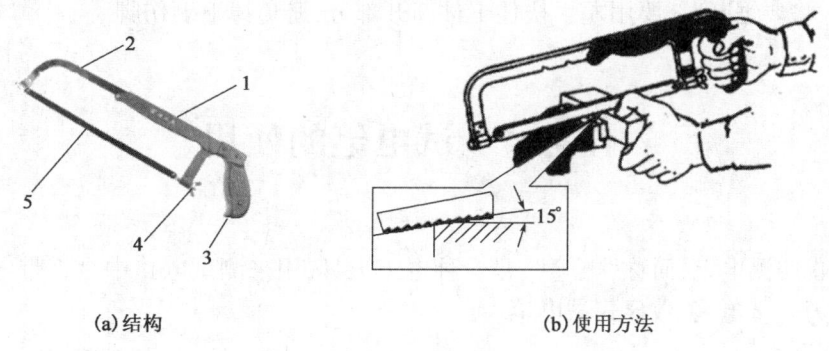

(a)结构　　　　　　　　　　(b)使用方法

图1-7　手钢锯结构及使用方法示意图

1—主锯弓架;2—活动锯弓架;3—手柄;4—蝶形螺母;5—锯条

在正确选用锯条时,根据锯齿齿距的大小分为细齿(0.8~1.1mm)、中齿(1.2~1.4mm)和粗齿(1.8mm)三种,可根据所锯材料的软硬、厚薄选用。锯割软材料(如紫铜、青铜、铅、铸铁、低碳钢和中碳钢等)或较厚的材料时,应选用粗齿锯条;锯割硬材料或较薄的材料(如工具钢、合金钢、管子、薄钢板、角铁等)时,应选用细齿锯条。一般来说,锯割薄材料时,在锯割截面上至少应有三个锯齿同时参加锯割,这样就可防止锯齿被钩住或崩断。

锯条安装手钢锯是在前推时才起切削作用的,因此安装锯条时应使齿尖的方向朝前。调整锯条松紧度时,蝶形螺母不宜旋得太紧或太松。旋得太紧,锯条受力过大,在锯割中用力稍有不当,锯条就会折断;旋得太松,锯割时锯条容易扭曲,也易折断,并且锯缝也容易歪斜。检查锯条松紧度,可用手扳动锯条,手感觉硬实即可。

一、操作步骤

(1)夹紧工件或管子,工件或管子伸出钳口不宜过长。

(2)安装锯条,齿尖向前,调整锯条松紧度,松紧要适度,蝶形螺母不宜旋得太紧或太松。

(3)起锯采用远边起锯或近边起锯,角度要小,约15°。

(4)锯割时,右手握住锯柄,左手压在锯弓前上部,掌握锯弓要稳,身体稍向前倾。左脚在前,腿略微弯曲,右腿伸直,两腿间距要适当。

(5)运锯时,锯条往返走直线,并用锯条全长进行锯割,使锯齿磨损均匀。推锯时用压力,返回时不用压力,以减少摩擦和磨损锯条。

(6)锯较薄的工件,可将两面垫上木板或金属片。锯较厚的工件,因锯弓宽度不够,可调几个方向起锯。

(7)若有锯齿崩断,应立即停止操作。

(8)工件要锯完时,压力要轻,速度要慢,行程要小,并用手扶住工件。

(9)手钢锯用完后,将锯条取下,擦洗干净,保养锯弓并存放。

(10)在重新起锯时,要更换锯条。

二、操作安全要求

(1)锯条安装要松紧适当,锯割时不要突然用力过猛,防止锯条折断从锯弓上崩出伤人。

(2)当锯条局部的锯尺崩裂后,应及时在砂轮机上进行修整。

(3)工件将要锯断时,压力要小,避免因压力过大而使工件突然断开,使手向前冲造成事故,一般工件将要锯断时,要用左手扶住工件断开部分,避免掉下砸伤脚。

任务4 试电笔的使用

试电笔也叫测电笔,简称"电笔",是一种电工工具,用来测试电路中是否带电。常用的试电笔有螺丝刀式试电笔、数显式试电笔。

一、螺丝刀式试电笔

螺丝刀式试电笔形状为一字螺丝刀,其结构如图1-8所示。它的前端是金属探头,后部塑料外壳内装有氖泡、安全电阻和弹簧,尾端有金属端盖或钢笔形金属挂鼻,是使用时手必须触及的金属部分。

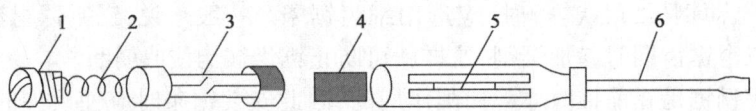

图1-8 螺丝刀式试电笔的基本结构

1—金属端盖;2—弹簧;3—氖管;4—电阻;5—观察孔;6—刀体探头

1. 螺丝刀式试电笔使用方法

螺丝刀式试电笔的使用,按照正确的握笔姿势,以中指和拇指持测电笔笔身,食指接触笔金属体,笔尖触及被测物体,使氖管观察孔朝向自己(图1-9)。但当带电体与接地之间电位差大于60V时,试电笔氖管发光,证明有电。

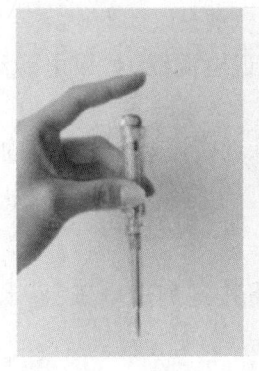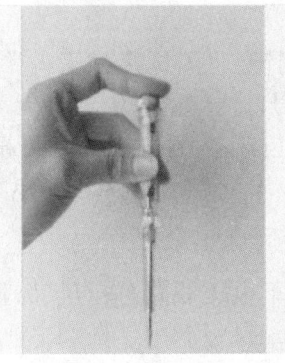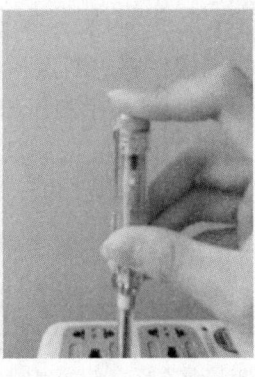

图 1-9 螺丝刀式试电笔的使用方法

2. 螺丝刀式试电笔使用安全操作要求

(1) 使用试电笔之前，首先要检查试电笔里有无安全电阻，再直观检查试电笔是否有损坏，有无受潮或进水，检查合格后才能使用。

(2) 在使用试电笔测量电器设备是否带电之前，先要将试电笔在有电源的部位检查一下氖管能否正常发光，如能正常发光，方可使用。

(3) 在明亮的光线下使用试电笔测量带电体时，应注意避光，以免光线太强而不易观察氖管是否发光，造成误判。

(4) 螺丝刀式试电笔前端金属体较长，应加装绝缘套管，避免测试时候造成短路或触电事故。

(5) 使用完毕后，要保持试电笔清洁，并放置在干燥处，严防碰撞。

3. 螺丝刀式试电笔操作安全要求

(1) 使用试电笔时，人手接触电笔的部位一定在试电笔顶端的金属，而绝对不是试电笔前端的金属探头，防止触电。

(2) 如果试电笔氖管发光微弱，切不可就断定带电体电压不够高，可能是试电笔或带电体测试点有污垢，也可能测试的是带电体的地线，须擦净测电笔或者重新选测试点。反复测试后，氖管仍然不亮或者微亮，才能最后确定测试体确实不带电。

二、数显式试电笔

数显式试电笔是一种用来测试物体是否带电的新型电工工具，如图 1-10 所示。通过在绝缘皮外侧利用电磁感应探测，并将探测到的信号放大后利用 LED 显示，来判断物体是否带电，并可直观读取测试电压数字。

1. 数显式试电笔按键说明

DIRECT(A 键)——直接测量按键(离液晶屏较远)，也就是用笔头直接去接触线路时，请按此按钮。

INDUCTANCE(B 键)——感应测量按键(离液晶屏较近)，也就是用笔头感应接触线路时，按此按钮。

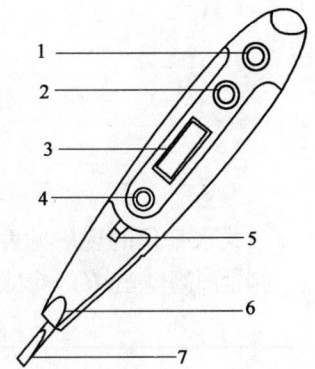

图 1-10 数显式试电笔示意图
1—直接检测键；2—感应检测键；
3—LED 显示屏；4—LED 感应灯；
5—LED 夜视开关；6—LED 夜视灯；
7—测试笔接触头

2. 数显式试电笔使用方法

(1) 间接检测按住感应断点检测键,将测试接触笔头靠近电源线,如果电源线带电的话,数显电笔的显示器上将显示高压符号。

(2) 直接检测按住直接检测功能键,将测试接触笔头靠近带电体,显示窗内分段显示电压,最后显示数字为所测电路电压等级。

3. 数显式试电笔使用注意事项

(1) 数显测电笔可测试380V以下电压线路,按直接测量按键测试电压,显示值为测试电压值。

(2) 感应测量按键可以检测绝缘体线路断路情况。

4. 数显式试电笔操作安全要求

使用试电笔时,人手接触试电笔的部位一定要在试电笔的金属盖,手或人体的其他部分都不能接触试电笔前端的金属部分,以免发生触电事故。

任务5 水平仪的使用

水平仪是测量角度变化的一种常用量具,主要用于测量机件相互位置的水平位置和设备安装时的平面度、直线度和垂直度,也可测量零件的微小倾角。常用的水平仪为条式水平仪。

条式水平仪如图1-11所示。它由V形底平面和水准器(俗称气泡)两部分组成。当V形底平面放在测量面上时,水准器内的气泡处于中间位置时,水平仪便处于水平状态;当气泡偏向一端时,表示气泡靠近一端的位置较高。

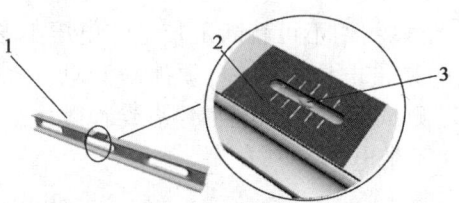

图1-11 条式水平仪
1—尺架;2—刻度线;3—气泡

条式水平仪的规格见表1-5。计算高度差的方法是:

测量面高度差(H) = 被测量面长度(L) ÷ 水平仪长度(l) × 气泡偏移的格数(A) × 分度值(a)

表1-5 水平仪的规格

品种	外形尺寸,mm			分度值	
	长	宽	高	组别	mm/m
框式	100	25~35	100	I	0.02
	150	30~40	150		
	200	35~40	200		

续表

品种	外形尺寸,mm			分度值	
	长	宽	高	组别	mm/m
框式	250	40~50	250	Ⅱ	0.03~0.05
	300		300		
条式	100	30~35	35~40	Ⅲ	0.06~0.15
	150	35~40	35~45		
	200				
	250	40~45	40~50		
	300				

一、条式水平仪使用方法

(1)使用前,检查水平尺完好,底面清洁无变形、无划伤、无锈蚀。

(2)测量时,使水平仪工作面紧贴在被测表面,待气泡完全静止后方可进行读数。

(3)当测量长度较大工件时,可将工件平均分若干尺寸段,用分段测量法,然后根据各段的测量读数,绘出误差坐标图,以确定其误差的最大格数。

二、条式水平仪使用操作安全要求

(1)测量时清洁测量面,检查测量表面是否有划伤、锈蚀和毛刺等缺陷。

(2)检查零位是否正确。如不准,对可调式水平仪应进行调整,对固定式水平仪应进行修复。

(3)测量时,应避免温度的影响,必须与热源和风源隔绝。温度变化会使测量产生误差,因此应注意手热、阳光直射、哈气等对水平仪的影响。检验或使用时如使用环境湿度与保存环境湿度不同,则需在使用环境中稳定3小时方可使用。

(4)测量时必须待气泡完全静止后方可读数,应在垂直水准器的位置上进行读数,以减少视差对测量结果的影响。

(5)水平仪使用完毕,必须将工作面擦拭干净,涂防锈油,存放在清洁、干燥处保管。

(6)水平仪应轻放在被测表面上,尽量不要碰撞,以避免水平仪测量面划伤,进而引起精度的不准确。

任务6　千斤顶的使用

千斤顶是起重工作中常使用的小型起重工具,它具有构造简单、使用轻便、工作平稳无冲击,且能保证把重物准确地停留在要求高度上,举升重物不需电源、绳索和链条等优点。千斤顶在起重作业中主要用于短距离举升,或在设备安装维修中用于校正位置。

按工作原理,将千斤顶分为螺旋千斤顶和液压千斤顶。

一、螺旋千斤顶

螺旋千斤顶又称机械千斤顶,是由人力通过螺旋副传动,螺杆或螺母套筒作为顶举件。普通螺旋千斤顶靠螺纹自锁作用支持重物,构造简单,但传动效率低,返程慢,如图1-12所示。

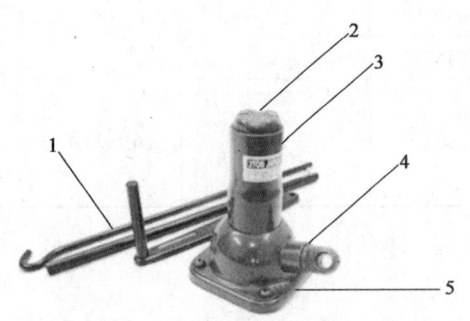

图1-12 螺旋千斤顶示意图
1—手柄;2—螺杆;3—升降套筒;
4—棘轮组;5—底座

1. 螺旋千斤顶使用方法

(1)使用前必须检查千斤顶是否正常,各部件是否灵活,加注润滑油。

(2)正确估计重物的重量,选用合适规格的千斤顶,切忌超载使用。

(3)选择好千斤顶着力点,且必须放置平稳,丝杠顶杆要垂直地面,如遇松软地面时,应垫坚硬的枕木,以防起重时发生歪斜、倾倒。

(4)调整摇杆上的撑牙,按顺时针方向转动摇杆顶起重物,下降时撑牙调至反方向,按逆时针方向转动摇杆下降。

2. 螺旋式千斤顶操作安全要求

(1)正确估计重物的重量,选用合适规格的千斤顶。

(2)当几台千斤顶并用时,起升速度应保持同步,且每台千斤顶的负荷均衡。

(3)经常保持机体表面清洁,定期检查内部结构是否完好,使摇杆内小齿轮灵活可靠,升降套筒升降自如。

(4)升降套筒与壳体间的摩擦表面必须随时上油,其他注油孔应定期加油润滑。

(5)使用时应避免急剧震动。

二、液压千斤顶

液压千斤顶又称油压千斤顶,是由人力或电力驱动液压泵,通过液压系统传动,用缸体或活塞作为顶举件,如图1-13所示。采油现场常用液压千斤顶有3t、5t、8t、12t、16t、20t、32t、50t等。

1. 液压千斤顶使用方法

(1)使用前必须检查各部件是否正常(主要检查活塞、接头、高压软管等处是否漏油)。

(2)使用时应严格遵守使用规定,严禁超高、超载使用,否则当起重高度或起重吨位超过规定时,液压千斤顶会发生严重漏油。

(3)底面要垫平,垫上坚韧的枕木,将液压千斤顶放置平稳。

(4)将螺杆旋起,接近被顶重物,关闭回油阀。

(5)用手柄上下往复活动液压泵,顶起重物。下放重物时,缓慢打开回油阀,待液压杆下降后,旋回螺

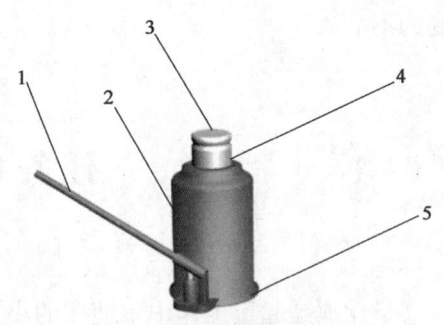

图1-13 液压千斤顶示意图
1—手柄;2—油室;3—调节杆;
4—柱塞;5—底座

杆,将液压杆复位,收好液压千斤顶。

2. 液压千斤顶操作安全要求

(1)正确估计重物的重量,选用合适规格的千斤顶。选择液压千斤顶的承载能力需大于重物重量的1.2倍。

(2)若使用多台液压千斤顶顶升同一设备时,应选用同一型号的液压千斤顶,且每台液压千斤顶的额定起重量之和不得小于所承担设备重量的1.5倍。

(3)使用前应检查各部分是否完好。

(4)千斤顶应设置在平整、坚实处,并用垫木垫平。

(5)在顶升的过程中,应随着重物的上升在重物下加设保险垫层,到达顶升高度后应及时将重物垫牢。

任务7　游标卡尺的使用

游标卡尺是一种中等精度的量具,它可以直接测出工件的内径、外径、长度和深度,其结构如图1-14所示。常用的游标卡尺有150mm、200mm、300mm等,游标卡尺的精度有0.1mm、0.05mm、0.02mm三种。

一、游标卡尺使用方法

(1)使用游标卡尺测量工件的尺寸时,应先检查尺况,再校准零位,即主副两个尺上的零刻度线同时对正,即为合格,这样才可以使用。

(2)测量工件外径时,应先将两卡脚张开得比被测尺寸大些,而测量工件的内尺寸时,则应将两卡脚张开得比被测工件尺寸小些,然后使固定卡脚的测量面贴紧工件,轻轻用力使副尺上活动卡脚的测量面也贴紧工件,并使两卡脚测量面的连线与所测工件表面垂直,再拧紧固定螺丝。

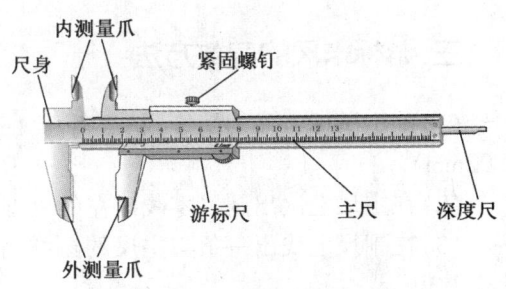

图1-14　游标卡尺示意图

(3)在主尺上读出副尺零位的读数。

(4)再在副尺上找到和主尺相重合的读数,将此读数除以分度数(比如分度为50,则为$n/50$)即为毫米数,将上述两数值相加,即为游标卡尺测得的尺寸。

二、游标卡尺测量深度方法

(1)测量时,先把测量基座轻轻压在工件的基准面上,两个端面必须接触工件的基准面,如图1-15(a)所示。

(2)测量轴类等台阶时,测量基座的端面一定要压紧在基准面,如图1-15(b)、(c)所示。再移动尺身,直到尺身的端面接触到工件的量面上,然后用紧固螺钉固定尺框,提起卡尺,读出深度尺寸。

(3)多台阶小直径的内孔深度测量,要注意尺身的端面是否在要测量的台阶上如图1-15(d)所示。

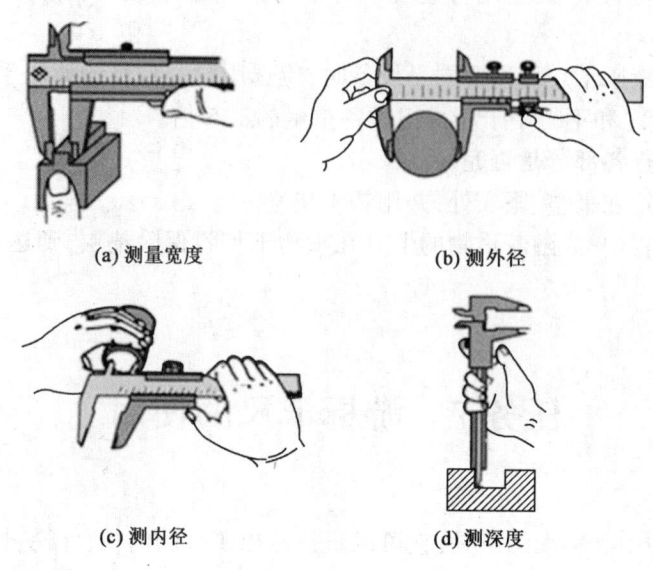

图1-15　游标卡尺测量深度的方法

三、游标卡尺的度数方法

(1)确定游标卡尺的精度,精度等于1mm除以副尺格数(比如副尺格数为50,则精度=0.02mm)。
(2)在主尺上读出副尺零线以左的刻度,该值就是最后读数的整数数值。
(3)在副尺上找出一条与主尺的刻线对齐的刻线,读出格数,与游标卡尺精度相乘,得出小数数值。
(4)将所得到的整数和小数部分相加,就得到了总尺寸。

四、游标卡尺操作安全要求

(1)根据测量要求选择合适的游标卡尺规格和测量精度。
(2)使用前,检查副尺0刻度线与主尺0刻度线是否对齐。
(3)测量工件时,卡脚测量面必须与工件的表面平行或垂直,不得歪斜。且用力不能过大,以免卡脚变形或磨损,影响测量精度。
(4)读数时,视线要垂直于尺面,否则测量值不准确。
(5)游标卡尺用完后,擦拭干净,平放在盒内。
如图1-16所示,游标卡尺读值时按以下步骤:(1)整数位读值,副尺零刻度线对应主尺的毫米整数值,整数值为22mm;(2)读小数位,读出副尺刻度线与主尺刻度线对齐的格数,格数乘以精度值得出的就是小数位数值,游标卡尺测出的小数值为0.6mm;(3)两数相加即为读数。图中游标卡尺测量值即为22+0.6=22.60(mm)。

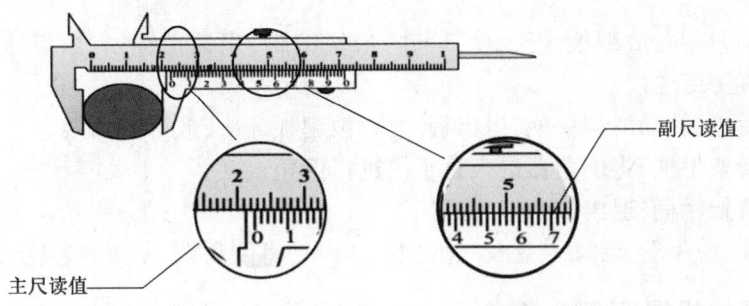

图 1-16 游标卡尺读值方法

任务 8　电动套丝机的使用

电动套丝机又名电动切管套丝机、铰丝机或管螺纹套丝机,是用于加工管子外螺纹的电动工具。电动套丝机结构如图 1-17 所示。

一、电动套丝机使用方法

(1) 根据管子的管径选择合适的板牙组。每组板牙上有两组数字,一组是板牙的规格,每支是一样的,如 3/4;另一组是安装的顺序号,如 1、2、3、4。

(2) 把板牙头从滑架上取下(掀起),松开手柄螺母,转动曲线盘,使曲线盘到刻度最大的位置。

(3) 将选好的板牙组按对应顺序号逐个装入板牙槽内,其锁紧缺口就会与曲线盘吻合,然后扳动曲线盘,使曲线盘上的刻度指示线与所需加工件的刻度尺对齐,拧紧手柄螺母,该板牙就被正确定位,将板牙头扳起备用。

(4) 将变距盘旋到所需规格的位置上。

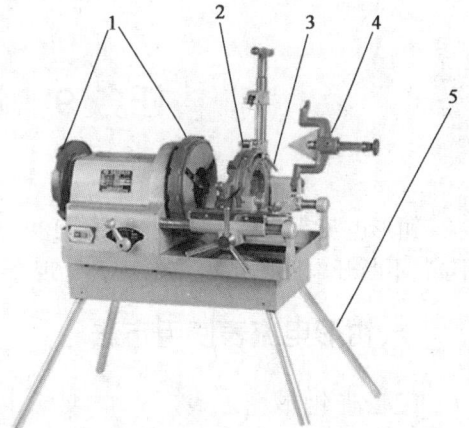

图 1-17　电动套丝机结构
1—管子前后卡盘;2—割刀架;3—板牙头;
4—铰刀;5—支架

(5) 顺时针方向转动前后卡盘,松开三爪,将管子从后卡盘装入,穿过前卡盘,伸出长约 100mm。

(6) 用右手抓住管子,先旋紧后卡盘(扶住即可,一定要观察卡在三爪中心),再旋紧前卡盘,然后将锤击盘按逆时针方向适当锤紧,夹紧管子。

(7) 放下割刀架,转动割刀手柄,增大刀架开度,使割刀架滚子能跨越于管子上。

(8) 转动滑架手柄,使割刀移至割断(记号)位置。

(9) 旋转割刀手柄,使割刀与管子靠近。

(10) 摘下手套,戴护目镜,按启动按钮。

(11) 开动设备,然后将割刀切入管子,管子每转一圈进刀约 0.15~0.25mm,即主轴每转一圈割刀手柄进 1/10 转左右,切割完毕后,向右移动滑架手柄,将割刀退回,并扳起割刀架复位,操作时要平稳。

(12)扳起割刀架时放下板牙头,使其与方形块接触,用锁销锁紧,当板牙头可靠定位后,转动滑架手柄,完成套扣。

(13)松开扳机,转动滑架手柄,退出板牙头,扳起板牙头,放下倒角架。

(14)转动滑架手柄,将倒角器进入管子内进行倒角。

(15)转动滑架手柄,退出倒角架,停机。

(16)摘眼镜、戴手套,转动卡盘及三爪,取下管子,将倒角架、割刀、板牙头复位。

二、电动套丝机操作安全要求

(1)工作前检查前、后卡盘是否灵活,冷却油泵工作是否正常。

(2)在板牙与钢管接触时,滑架手轮的旋转力应逐渐增大,直至板牙与钢管咬入3~4齿。

(3)管子穿入时放在卡盘中心位置,长管子套丝时,管子尾部应设搁架,防止管子晃动伤人。

(4)切断管子时注意用力不要过猛,以免造成管子变形。

(5)定期清洗切屑收集盘,并润滑相应轴及轴承。

(6)定期清洗油杯,保证油箱内润滑油充足且润滑管路畅通。

(7)工作完毕后切断电源,清理铁屑,润滑机器。

任务9　钳形电流表的使用

钳形电流表又称为钳表(图1-18),是测量交流电流的专用电工仪表,一般用于对测量精度不高、不断开电路测量电流的场合。现在一般使用的都是多功能数字显示或指针显示的仪表。

一、钳形电流表使用方法

1.检查钳形电流表

(1)旋转旋钮至交流电流挡(ACA),观察液晶显示窗数字是否归零。

(2)检查钳口是否清洁。

(3)检查锁定开关是否松开。

2.测量交流电流

(1)旋转旋钮至交流电流挡(ACA)"1000"挡位。

(2)将钳口打开,套入一项电缆中心,在液晶显示窗读取电流数值。

(3)如果电流数值小于200A,打开钳口转换挡位至"200A"挡位,在液晶显示窗读取电流数值。

(4)其他两项电流按此方法测量。

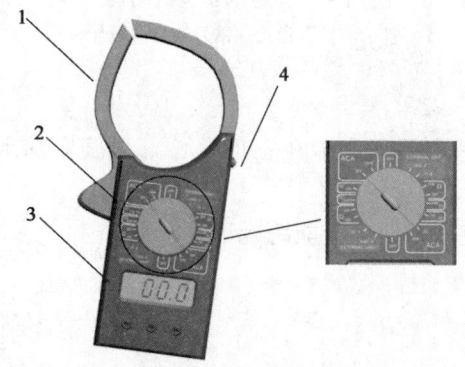

图1-18　钳形电流表
1—钳口;2—功能面板;3—液晶显示屏;
4—HOLD按钮

3. 测量交流电压

(1) 将红表笔插入"VΩ"插孔内,黑表笔插入"COM"插孔内。
(2) 旋转旋钮至交流电压挡(ACV)"750"挡位。
(3) 将两表笔与任意两项电缆并联,在液晶显示窗读取交流电压数值。
(4) 测量完毕后取下两表笔。

4. 测量直流电压

(1) 旋转旋钮至直流电压挡(DCV)"1000"挡位。
(2) 将红表笔与电源正极接触,黑表笔与电源负极接触,在液晶显示窗读取直流电压数值。
(3) 测量完毕将转换旋钮转至白点符号与上部箭头对齐,取下两表笔。

5. 测量通断

(1) 旋转旋钮至电阻挡(Ω)"200"挡位。
(2) 将两表笔分别与电缆(或导线)两端接触。如电阻较小且蜂鸣器响,线路是通的。如不显示电阻值且蜂鸣器无声音,则电缆(或导线)是断开的。

6. 测量电阻

(1) 旋转旋钮至电阻挡(Ω)"20K"挡位。
(2) 将两表笔分别与电缆(或导线)两端接触,在液晶显示窗读取电阻数值。

二、钳形电流表技术要求

(1) 测量直流电流时注意表笔的极性,不能接反。
(2) 测量过程中严禁转换任何挡位开关。
(3) 使用完毕后,将旋钮置于"OFF"挡位。

三、钳形电流表操作安全要求

(1) 测量项目未知数值范围时,应将量程开关置于最高挡,逐步调低到合适量程。
(2) 测量电阻必须断开电源,测量有电容的电路时需将电容放电。
(3) 不能用电阻、电流挡测电压。

任务10 万用表的使用

万用表是测量直流电流、直流电压、交流电流、交流电压、电阻和音频等多种用途的综合性仪表,由测量机构、测量线路、转换开关等组成。测量机构采用磁电式仪表,用来被指示测量数值,刻度盘有四条刻度线:第一条为电阻刻度线;第二条为测量交直流电压、电流的刻度线;第三条为微电压交直流电压刻度线;第四条为分贝刻度线,是测量音频刻度线,转换开关实现各种需要的测量图1-19为指针式万用表示意图。

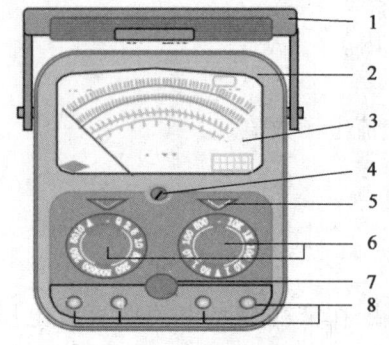

图1-19 指针式万用表示意图
1—提把;2—表壳;3—刻度盘;
4—调零旋钮;5—功能指示键;
6—功能选择盘;7—测电阻微调旋钮;
8—测试笔插孔

一、符号含义

(1)"∽"表示交直流;

(2)"V-2.5kV4000Ω/V"表示对于交流电压及2.5kV的直流电压挡,其灵敏度为4000Ω/V;

(3)"A-V-Ω"表示可测量电流、电压及电阻;

(4)"45-65-1000Hz"表示使用频率范围为1000Hz以下,标准工频范围为45~65Hz;

(5)"2000Ω/VDC"表示直流挡的灵敏度为2000Ω/V。

二、指针式万用表使用方法

1. 检查万用表

(1)检查万用表电池是否安装。

(2)检查指针是否在零位,用调零旋钮进行调零。

(3)红表笔插入正极符号插孔,黑表笔插入*号插孔。

2. 测量电阻

(1)选择电阻挡,量程开关置于合适的倍率档位,指针越接近中间位置读数越准。

(2)短接两个表笔,用电阻调零旋钮将指针调零。

(3)将两表笔接触电阻两端,不能虚接,读出表针指示值,按倍率计算电阻值。

(4)将转换旋钮转至白点符号与上部箭头对齐或转至交流电压挡最高电压挡位。

(5)取下两表笔。

3. 测量直流电压

(1)测量前选择直流电压挡位,量程选择必须在满刻度1/3以上;判断表笔极性,如果表笔向左摆动说明极性错误,调换两表笔。

(2)将两表笔与测量物并联,在第二条刻度盘上读取数值。

(3)测量完毕后,将转换旋钮转至白点符号与上部箭头对齐,取下两表笔。

4. 测量交流电压

(1)测量前选择交流电压挡位,量程开关置于合适的倍率挡位。

(2)将两表笔与测量物并联,在第二条刻度盘上读取表针指示值,按倍率计算电压值。

(3)测量完毕后,将转换旋钮转至白点符号与上部箭头对齐,取下两表笔。

5. 测量直流电流

(1)将选择旋钮置于电流挡量程开关置于相应的电流挡位,量程选择必须在满刻度1/3以上。

(2)测量时将两表笔与线路串联,判断表笔极性,如果表笔向左摆动说明极性错误,调换两表笔。

(3)在第三条刻度线上读出电流数值。

(4)测量完毕后,将转换旋钮转至白点符号与上部箭头对齐,取下两表笔。

三、指针式万用表技术要求

(1)测量直流电流和电压时注意表笔的极性,不能接反。
(2)测量过程中严禁转换任何挡位开关。
(3)使用完毕后,将旋钮置于交流电压挡最高挡,长期不用时取出电池。
(4)测量电阻读值时需要乘以倍率。
(5)测量电压读值时如果实际电压高于量程电压,需要乘以倍率。

四、指针式万用表操作安全要求

(1)测量项目未知数值范围时,应将量程开关置于最高挡,逐步调低到合适量程,防止打坏表针。
(2)测量电阻必须断开电源,测量有电容的电路时需将电容放电。
(3)不能用电阻、电流挡测电压。

任务 11 兆欧表的使用

兆欧表(Megger)俗称摇表,是电工常用的一种测量仪表,如图 1-20 所示。兆欧表主要用来检查电气设备、家用电器或电气线路对地及相间的绝缘电阻,以保证这些设备、电器和线路工作在正常状态,避免发生触电伤亡及设备损坏等事故。兆欧表大多采用手摇发电机供电,故又称摇表。它的刻度是以兆欧(MΩ)为单位的。

一、兆欧表选用原则

(1)额定电压等级的选择。一般情况下,额定电压在 500V 以下的设备,应选用 500V 或 1000V 的兆欧表。额定电压在 500V 以上的设备,选用 1000~2500V 的兆欧表。

(2)电阻量程范围的选择。兆欧表的表盘刻度线上有两个小黑点,小黑点之间的区域为准确测量区域。选表时应使被测设备的绝缘电阻值在准确测量区域内。

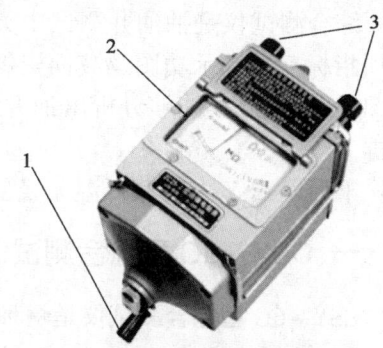

图 1-20 兆欧表示意图
1—手柄;2—显示窗;3—接线钮

二、兆欧表使用方法

(1)校表。测量前应将兆欧表进行一次开路和短路试验,检查兆欧表是否良好。将两连接线开路,摇动手柄,指针应指在"∞"处,再把两连接线短接一下,指针应指在"0"处,符合上述条件者即良好,否则不能使用。
(2)被测设备与线路断开,对于大电容设备还要进行放电。
(3)选用电压等级符合要求的兆欧表。
(4)测量绝缘电阻时,一般只用"L"和"E"端,测量电缆时,就要使用"G"端,并将"G"端接屏蔽层或外壳。线路接好后,可按顺时针方向转动摇把,摇动的速度应由慢而快,当转速达到每分钟120转左右时(ZC-25型),保持匀速转动,1min后读数,并且要边摇边读数,不能停下来读数。

(5)拆线放电。读数完毕,一边慢摇,一边拆线,然后将被测设备放电。放电方法是将测量时使用的地线从兆欧表上取下来与被测设备短接一下即可。

三、兆欧表操作安全要求

(1)校表时,将两连接线开路,摇动手柄,指针应指在"∞"处。把两连接线短接一下,指针应指在"0"处,否则不能使用。

(2)兆欧表选用要符合电压等级。

(3)禁止在雷电时或高压设备附近测绝缘电阻,只能在设备不带电也没有感应电的情况下测量。

(4)兆欧表线不能绞在一起,要分开。

(5)兆欧表未停止转动之前或被测设备未放电之前,严禁用手触及。拆线时,也不要触及引线的金属部分。

(6)测量结束时,对于大电容设备要放电。

任务12　综合测试仪的使用

综合测试仪是抽油井测试中关键的测试仪器。可以实现测试示功图、测试油井液面等多项指标。油井示功图及液面资料是抽油机井动态分析中必需的油井测试资料,通过对示功图及液面分析,能够分析出油井抽油泵工作情况及油层供液情况,为下步采取措施提供依据。

下面以CSY-6C型低温无线型抽油机井综合测试仪(图1-21)为例说明。

一、CSY-6C型综合测试仪的功能及特点

CSY-6C型综合测试仪是一种低温无线型抽油井综合测试仪,具有数据测试、数据回放、数据上传、数据管理、打印输出等功能。目前,CSY-6C型综合测试仪能够完成载荷、冲程、冲次、电流、电压及相位差、动液面、套压的测试。

二、准备工作

(1)打开箱盖,观察面板及各部分组件是否完好,无撞击、伤痕,各插座完好。

(2)打开主电源开关,观察指示灯,如"欠电"指示灯亮,应进行充电后再使用。

(3)打开主电源开关,如液晶屏较黑或无字,调节灰度旋钮使字体显示清晰。

图1-21　CSY-6C型低温综合测试仪

(4)测试前应安装好测试天线。

(5)打开无线传感器电源开关,检查是否欠电。

(6)检查无线传感器的发射天线是否安装。

三、CSY-6C 型综合测试测示功图操作

(1)在井口光杆密封盒上坐一块卸载传感器,连接如图1-22所示。垫块,停抽油机,卸抽油机负荷,将抽油机停在便于操作的位置,刹好刹车。

(2)将载荷传感器固定在悬绳器与方卡子之间,松刹车起抽,带上负荷,取下卸载垫块。

(3)将无线位移传感器吸附在悬绳器上,连接好固定传感器与位移传感器信号线。

(4)将无线位移传感器的一端连接并固定在采油树上,打开无线传感器电源。

(5)打开电源,启动测试仪。

(6)录入井名与日期。

(7)按功图测试键测示功图。

(8)对测试结果进行分析。

(9)测试完成后,将电源及连接线等拆除。

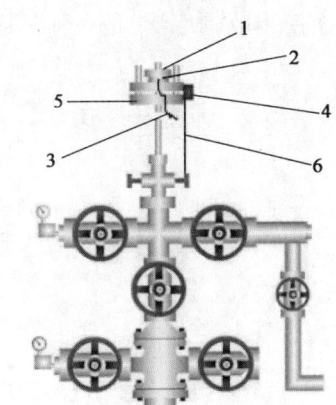

图1-22 传感器连接图
1—方卡子;2—固定传感器;3—连接电缆;
4—吸附式传感器;5—悬绳器;
6—位移拉线

四、CSY-6C 型综合测试仪测动液面操作

(1)连接好井口连接器及信号线。

(2)选择高频及低频增益数值,按高频及低频键,屏幕显示高频及低频数值,用方向键进行选择。

(3)按动液面测试键,屏幕所示下方 H 值为高频放大值,L 值为低频增益放大值。

(4)击发声枪或按回车键后迅速击发声枪。

(5)仪器自动采集数据,同时屏幕显示波形。

(6)测示完毕后,仪器自动计算出液面深度。

(7)测试完成后,将仪器电源关闭收好,拆除连接线。

五、综合测试仪操作安全要求

(1)仪器使用前要定期进行标定。

(2)每次应测得 3 个以上相似图形。

(3)雨天测试时应注意防潮防电。

(4)仪器充电时间在 10~12h 之间。

(5)载荷传感器使用前必须进行标定。

(6)仪器工作温度为 -35~40℃。

任务13　黄油枪的使用

黄油枪是给机械设备加注润滑脂的工具(图1-23)。它结构简单、实用性强,在设备维修方面使用范围广泛,是一种常用工具。

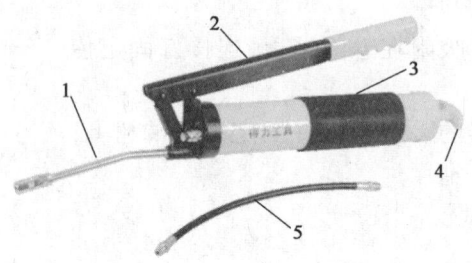

图1-23　黄油枪
1—枪头;2—手柄;3—枪管;4—拉手;5—软管

一、准备工作

黄油枪一支,黄油若干,灰刀一把,擦布。

二、黄油枪使用方法

(1)拉动活塞杆至油枪底盖,再将活塞杆上的槽卡在侧孔内。
(2)旋转卸掉黄油枪前盖液压部分。
(3)将黄油装入储油桶内,用灰刀捣实,装好黄油枪前盖液压部分。
(4)拨动黄油枪活塞拉杆,退出侧孔。
(5)将黄油枪的出油咀对准插入被润滑设备的黄油嘴上。
(6)上下或左右摆动拉杆,将黄油压入润滑点内。
(7)加油完毕,拔出油嘴。
(8)清理工具用具,将黄油枪擦拭干净。

三、黄油枪操作安全要求

(1)黄油干净无杂质。
(2)黄油要捣实,不能有空隙。
(3)若发现不能注油时应停止注油,检查排除故障。

习　题

一、选择题（单项选择题）

1.梅花扳手通常是适用(　　)的专用工具。
　　(A)一种规格　　　(B)两种规格　　　(C)一定范围　　　(D)范围较大

2. 活动扳手是适用( )的专用工具。
   (A)一种规格　　　(B)两种规格　　　(C)一定范围　　　(D)范围较大
3. 活动扳手的规范是按( )计算的。
   (A)扳手虎口全开口径　　　　　　　(B)首尾全长
   (C)最大使用范围　　　　　　　　　(D)旋合螺母的尺寸
4. 管钳是一种转动( )的专用工具。
   (A)金属管　　　　　　　　　　　　(B)菱形的金属工件
   (C)方形金属工件　　　　　　　　　(D)任意形状金属工件
5. 下列有关管钳使用时应注意事项的叙述,其中( )的叙述是正确的。
   (A)能开关任意范围内的闸门
   (B)开口宽度可以调节
   (C)应用时把两个力臂插入闸门手轮内
   (D)在开压力较高的阀门时开口朝外
6. 锯割软质厚材料时,应选用( )锯条。
   (A)细齿　　　　　(B)中齿　　　　　(C)粗齿　　　　　(D)细齿或中齿
7. 下列关于锯割的操作方法,错误的是( )。
   (A)锯齿向前　　　　　　　　　　　(B)工件要夹持牢
   (C)起锯时速度要慢　　　　　　　　(D)起锯时压力要大
8. 在用手钢锯锯工件时,应采用远边起锯或近边起锯,起锯的角度约为( ),否则锯条易卡住工件的棱角而折断。
   (A)15°　　　　　(B)30°　　　　　(C)45°　　　　　(D)90°
9. 用电笔测量电源时,若电笔氖管靠近笔尖一端发亮,则说明该测量部位为电源的( )
   (A)负极　　　　　(B)正极　　　　　(C)零线　　　　　(D)接地端
10. 水平仪又称水平尺,它是一种常用的( )的平面测量仪。
    (A)精度高　　　　(B)精度不高　　　(C)精度低　　　　(D)精度极高
11. 常用的条形水平仪上除有纵横大小的水准器外,还有重要的( )。
    (A)一个整形的底工作面　　　　　　(B)一个整形的水平底工作面
    (C)一个中间V形的底工作面　　　　(D)一个整形的圆形底工作面
12. 游标卡尺是一种( )的量具。
    (A)低精度　　　　(B)中等精度　　　(C)高精度　　　　(D)普通
13. 游标卡尺测量时,整数在零线( )的主尺刻度尺上读出。
    (A)左边　　　　　(B)右边　　　　　(C)上边　　　　　(D)下边
14. 下列对游标卡尺的精度为0.02mm的解释,其中说法正确的是( )。
    (A)游标卡尺的最大误差值　　　　　(B)游标卡尺的误差为0.2
    (C)游标卡尺每测1mm差0.02mm　　 (D)游标卡尺能测准1mm的1/50
15. 游标卡尺中固定在尺框背面能随着尺框在尺身导向槽中移动的是( )。
    (A)游标　　　　　(B)下量爪　　　　(C)深度度　　　　(D)上量爪
16. 电动套丝机在使用时,影响套丝质量的主要部件是( )。
    (A)板牙　　　　　　　　　　　　　(B)保护管固定卡
    (C)进扣量限位的位置　　　　　　　(D)套丝机的速度

17. 使用钳形电流表时,测量值最好在量程的(　　)之间。
    (A)1/4～1/3   (B)1/3～2/3
    (C)1/4～1/2   (D)1/2～2/3
18. 钳型电流表的精确度通常为(　　)级。
    (A)0.5   (B)1.0   (C)1.5   (D)2.5
19. 钳形电流表的优点在于它具有(　　)即可测量电流。
    (A)需要切断电源   (B)不需要切断电源
    (C)需要接入电源   (D)与电源无关
20. 指针式万用表主要由(　　)部分组成的。
    (A)二   (B)三
    (C)四   (D)五
21. MF500(指针式)万用表标度盘上有(　　)个标度尺。
    (A)二   (B)三
    (C)四   (D)五
22. MF500(指针式)万用表有(　　)个功能切换旋钮。
    (A)二   (B)三   (C)四   (D)五
23. 用MF500型万用表测量直流电压和直流电流时应读取第(　　)个标度尺。
    (A)二   (B)三   (C)四   (D)一
24. 用MF500型万用表测量直流电阻时应读取第(　　)个标度尺。
    (A)二   (B)三   (C)四   (D)一
25. MF500型万用表使用时,(　　)的顺序最正确。
    (A)接好测试表笔、机械调零、选择测量种类和量程、正确读数
    (B)接好测试表笔、选择测量种类和量程、机械调零、正确读数
    (C)机械调零、接好测试表笔、选择测量种类和量程、正确读数
    (D)机械调零、选择测量种类和量程、接好测试表笔、正确读数
26. 下列有关MF500型万用表八使用操作时的叙述中,(　　)的说法是不正确的。
    (A)万用表应垂直放置
    (B)使用前检查指针是否指在零位上
    (C)红色测试表笔的插头接到红色接线上或标有"＋"号的插孔内
    (D)被测量的大小将开关置于适当的量程位置
27. 用MF500型万用表测量直流电流时,(　　)的操作是不正确的。
    (A)先将左侧的转换开关旋到A位置
    (B)右侧的转换到标有"mA"或"uA"位置
    (C)万用表的最大电流量程在10A以内
    (D)测量时表头与负载串联
28. 用MF500型万用表测量直流电阻时,(　　)的操作是不正确的。
    (A)将左侧的转换开关旋到"Ω"位置
    (B)右侧的转换到标有"mA"区域某档位
    (C)先选择"1K"档调零
    (D)将两表笔短接、调零

29. 兆欧表上一般有三个接线柱,分别标有 L(线路)、E(接地)和 G(屏蔽)。其中,L 接在( );E 接在( );G 接在( )。
   (A)被测物和大地绝缘的导线部分
   (B)被测物的屏蔽环上或不需测量的部分
   (C)被测物的外壳或大地
30. 使用黄油枪时,要往复掀动手柄,排出储油筒内的空气直至油枪头出现( )后,方可将黄油枪的枪头对正润滑部位的黄油嘴并压紧。
   (A)油流   (B)气流   (C)泡沫   (D)润滑脂

二、判断题(正确的打"√",错误的打"×")
   (　)1. 水平仪是一种常用的精度较高的平面测量仪器。
   (　)2. 条形水平仪的主水准器用来测量纵向水平度,小水准器则用来确定水平仪本身横向水平位置。
   (　)3. 使用水平仪应注意以下事项:测量前应检查水平仪的零位是否正确、被测表面必须清洁、必须在水准器内的气泡完全稳定时才可读数。
   (　)4. 测量外径尺寸,游标卡尺两测量面的连线应水平于被测量物的表面,不能歪斜。
   (　)5. 使用游标卡尺前应将其擦干净,检查卡尺的两个测量面和测量口是否平直无损,把两个测量爪贴合游标和主尺,看是否对准 0 位。
   (　)6. 使用管钳时可以用加力杆。
   (　)7. 450mm 管钳的合理使用范围为 60mm 以下管径的管子。

项目二
现场急救

任务1　正确使用灭火器

正确认识火灾类型,选择合适的灭火器对安全、高效灭火十分重要。按燃烧物的性质划分,火灾有五种类型,各类火灾所适用的灭火器如下:

A类,指含碳固体火灾。可选用清水灭火器,泡沫灭火器,磷酸铵干粉灭火器(ABC干粉灭火器)。

B类,指可燃液体火灾。可选用干粉灭火器(ABC干粉灭火器),二氧化碳灭火器,泡沫灭火器只适用于油类火灾,而不适用于极性溶剂火灾。

C类,指可燃气体火灾。可选用干粉灭火器(ABC干粉灭火器),二氧化碳灭火器。易发生上述三类火灾部位一般配备ABC干粉灭火器。

D类,指金属火灾,目前尚无有效灭火器,一般可用沙土。

E类,指带电燃烧的火灾。可选用干粉灭火器(ABC干粉灭火器),二氧化碳灭火器。

灭火器的种类很多。按其移动方式可分为手提式和推车式。按驱动灭火剂的动力来源可分为储气瓶式、储压式、化学反应式。按所充装的灭火剂则又可分为泡沫、干粉、卤代烷、二氧化碳、酸碱、清水等。

一、任务描述

正确使用灭火器是快速、有效扑灭各类初起火灾的一项基本操作。不同燃烧物,灭火方法也不同,应根据火灾类型选用适合的灭火器进行灭火。

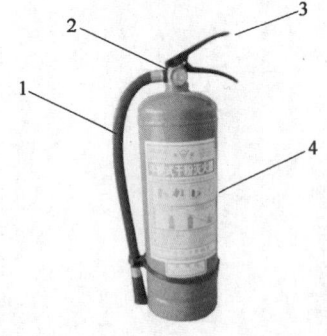

图2-1　干粉灭火器结构图
1—胶管;2—压力表;
3—压柄;4—筒体

二、任务操作

1. 干粉灭火器的结构

干粉灭火器主要是由胶管、压力表、压柄和筒体组成,其结构如图2-1所示。

2. 干粉灭火器使用操作

如图2-2所示,具体操作如下:

(1)使用手提式干粉灭火器时,应手提灭火器的提把,迅速赶到着火处。

(2)在距离起火点5m左右处,放下灭火器。在室外使用时,应站在上风口方向。

(3)使用前,先把灭火器上下颠倒几次,使筒内干粉松动。

(4)使用内装式或储压式干粉灭火器时,应先拔下保险销,一只手握住喷嘴,另一只手用力压下压把,干粉便会从喷嘴喷射出来。

(5)用干粉灭火器扑救流散液体火灾时,应从火焰侧面,对准火焰根部喷射,并由近而远,左右扫射,快速推进,直至把火焰全部扑灭。

(6)用干粉灭火器扑救容器内可燃液体火灾时,也应从火焰侧面对准火焰根部,左右扫射。当火焰被赶出容器时,应迅速向前,将余火扑灭。

干粉灭火器指针范围:绿色表示正常,红色表示压力不足,黄色表示压力过大,但压力超一点点不要紧,不要超太多,防止超压爆炸。

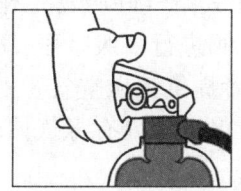 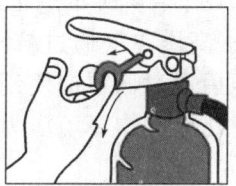 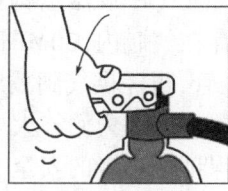 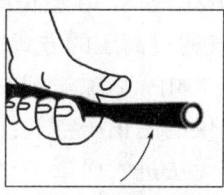

(a)提起灭火机　　(b)拔下保险销　　(c)用力压下手柄　　(d)对准火源根部

图 2-2　干粉灭火器的使用方法

3. 二氧化碳灭火器结构及使用操作

二氧化碳灭火器结构如图 2-3 所示,由喷嘴、胶管、压柄和筒体组成。二氧化碳灭火器主要用于扑救贵重设备、档案资料、仪器仪表、600V 以下电气设备及油类的初起火灾,以及一般 B 类火灾。二氧化碳灭火器扑救电器火灾时应先切断电源,防止人员触电。

二氧化碳灭火器使用操作如下:

(1)在使用时,应首先将灭火器提到起火地点,放下灭火器,拔出保险销,一只手握住喇叭筒根部的手柄,另一只手紧握启闭阀的压把。

(2)对没有喷射软管的二氧化碳灭火器,应把喇叭筒往上扳 70°~90°。使用时,不能直接用手抓住喇叭筒外壁或金属连接管,防止手被冻伤。

(3)在使用二氧化碳灭火器时,在室外使用的,应选择上风方向喷射。在室内窄小空间使用的,灭火后操作者应迅速离开,以防窒息。

图 2-3　手提式二氧化碳灭火器
1—喷嘴;2—胶管;3—压柄;4—筒体

三、灭火器使用安全要求

(1)熟悉灭火器适用扑救的火灾种类、使用温度范围、操作使用要求及日常维护等。

(2)扑救室外火灾时要站在着火源部位的上风口方向,以防火灾对身体造成伤害。

(3)灭电气火灾时,应先断开电源。

(4)使用手提式灭火器灭火时,要保持罐体直立,切不可将灭火器平放或颠倒使用,以防驱动气体泄漏,中断喷射。

(5)使用二氧化碳灭火器时,不能直接用手抓住喇叭筒外壁或金属连接管,防止手被冻伤。

任务2　正确使用正压式空气呼吸器

正压式空气呼吸器是一种自给开放式呼吸器，主要适用于消防、化工、石油、工矿等处，使消防员或抢险救援人员能够在充满浓烟毒气、蒸汽或缺氧的恶劣环境下安全地进行灭火、抢险救援或救护工作。

RHZKF6.8/30型正压式空气呼吸器结构如图2-4所示。正压式空气呼吸器工作原理是：空气通过高压的方式储存在气瓶内（30MPa），高压空气通过减压阀进行一级减压，压力降低到0.7 MPa后输送到中压管，再经供气阀减压后通过面罩向使用者提供正压空气。由于供气阀提供的是正压空气，面罩内的压力始终大于外界工作环境压力，保证外界有毒气体、颗粒及气雾无法进入面罩，充分保证使用者的安全。

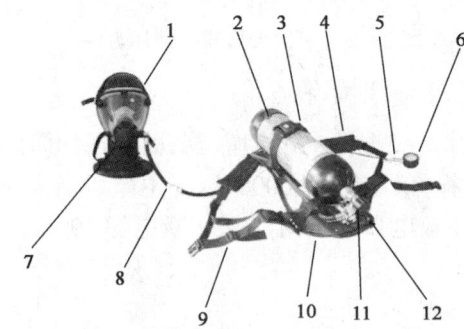

图2-4　RHZKF6.8/30型正压式空气呼吸器结构图
1—面罩；2—气瓶；3—瓶带组；4—肩带；5—报警哨；6—压力表；7—供给阀；8—快速接头；
9—腰带组；10—背托；11—减压阀；12—气瓶阀

一、任务描述

正确使用正压式空气呼吸器是人员进入有毒、危害场所等作业必须熟练掌握的一项基本操作，正确的使用方法可以有效保护人员的生命安全。

按照规范程序正确使用正压式空气呼吸器。

二、任务操作

本操作以巴固C900空气呼吸器为例。

1. 操作准备检查

（1）检查面罩及配件完好，气密性良好。

（2）检查肩带、腰带、背板齐全完好；检查气瓶与背板连接紧固；检查高低压胶管无老化、无裂纹；检查压力表完好；检查供气阀、压力表完好，气瓶工作压力为24~28MPa，观察压力表压力，压力表无压降，密封性良好；检查报警哨，打开气瓶，两圈以上。

2. 操作步骤

（1）气瓶阀门和背托朝上，利用过肩式或交叉穿衣式背上呼吸器，适当调整肩带的上下位置和松紧，直到感觉舒适为止。

（2）插入腰带插头，然后将腰带一侧的伸缩带向后拉紧扣牢。

（3）撑开面罩头网，由上向下将面罩戴在头上，调整面罩位置。用手按住面罩进气口，通过吸气检查面罩密封是否良好，否则再收紧面罩紧固带，或重新戴面罩。

（4）打开气瓶开关及供给阀。

（5）将供气阀接口与面罩接口吻合，然后握住面罩吸气根部，左手把供气阀向里按，当听到"咔嚓"声即安装完毕。

（6）应呼吸若干次以便检查供气阀性能。吸气和呼气都应舒畅，无不适感觉。

（7）脱下呼吸器。

（8）按下供气阀对称按键，拔下供气阀，关闭气瓶。

（9）松开下、中、上面罩系带，摘下面罩，脱下呼吸器放在放置箱中，放掉管线余气。

（10）用消毒纸巾清洁面罩密封胶皮和口鼻罩，清洁干净放入存放袋中。摆置呼吸器，关闭放置箱。

3. 操作技术要求

（1）气瓶工作压力不低于24MPa。

（2）气瓶检查完后要放尽余气。

三、操作安全要求

（1）使用前应经过专业培训，合格后方可佩戴使用。

（2）使用过程中必须确保气瓶阀处于完全打开状态。

（3）必须经常查看气瓶气源压力表，一旦发现高压表指针快速下降或发现不能排除的漏气时，应立即撤离现场。

（4）使用中感觉呼吸阻力增大、呼吸困难、出现头晕等不适现象，以及其他不明原因时应及时撤离现场。

（5）使用中听到残气报警器哨声后，应尽快撤离现场，到达安全区域后，迅速摘下面罩。

（6）在作业过程中供气阀发生故障不能正常供气时，应立即打开旁通阀进行人工供气，并迅速撤离现场。

任务3　触电的现场急救

现场抢救的宗旨是借助综合措施通过人工的方法使伤员迅速得到气体交换和重新形成血液循环，恢复全身组织细胞的氧供给，保护脑组织，继而恢复伤员的自主心跳和自主呼吸，把伤员从死亡状态拯救出来。

一、任务描述

触电的现场急救是事故现场抢救最快、也是最有效的一项操作。掌握现场急救方法，可在第一时间对伤者进行救助。现场发生触电后要迅速使触电者脱离电源,触电者未脱离电源前,救护人员不准直接用手触伤员,因为会有触电的危险。如触电者处于高处,解脱电源后会自高处坠落,因此,要采取预防措施。

二、任务操作

准备好医学训练用人体模特,然后按以下方法操作。

1. 人工呼吸法

(1)保障现场通风良好,伤员平卧,解开衣领,松开紧身衣服,放松裤带,以利呼吸时胸廓自然扩张。在伤员的肩背下方可垫软物,使伤员的头部充分后仰,呼吸道尽量畅通,减少气流的阻力,确保有效通气量。同时,这也可以防止舌根陷落而堵塞气流通道。然后,将病人嘴巴掰开,用手指清除口腔中的异物,如假牙、分泌物、血块、呕吐物等,以免阻塞呼吸道。

(2)抢救者站在伤员一侧,以近其头部的手紧捏伤员的鼻子(避免漏气)并将手掌外缘压住额部,另一只手托在伤员颈部,将颈部上抬,头部充分后仰,鼻孔呈朝天位,使嘴巴张开准备接受吹气。

(3)抢救者先吸一口气,然后嘴紧贴伤员的嘴大吹气,同时观察其胸部是否膨胀隆起,以确定吹气是否有效和吹气是否适度。

(4)吹气停止后,抢救者头稍侧转,并立即放松捏鼻子的手,让气体从伤员的鼻孔排出。此时注意胸部复原情况,倾听呼气声,观察有无呼吸道梗阻。

如此反复而有节律地人工呼吸,不可中断,每分钟吹气应在12~16次。

进行人工呼吸要注意,口对口的压力要掌握好,开始时可略大些,频率也可稍快些,经过一二十次吹气后逐渐减少压力,只要维持胸部轻度升起即可。如遇到伤者嘴巴掰不开的情况,可改用口对鼻孔吹气的办法,吹气时压力稍大些,时间稍长些,效果相仿。采取这种方法,只有当伤员出现自主呼吸时,方可停止。但要紧密观察,以防出现再次停止呼吸。

2. 体外心脏挤压法

体外心脏挤压法(心肺复苏),是指通过人工方法有节律地对心脏挤压,来代替心脏的自然收缩,从而达到维持血液循环的目的,进而恢复心脏的自然节律,挽救伤员的生命。体外心脏挤压法简单易学,效果好,不要设备,也不会增加创伤,便于推广普及。

体外心脏挤压法的具体操作按下述步骤进行(视频2):

(1)使伤员就近卧于硬板上或地上,注意保暖,解开伤员衣领,使其头部后仰侧偏。

(2)抢救者站在伤员左侧或跪跨在病人的腰部。

(3)抢救者以一手掌置于伤员胸骨下1/3段,即中指对准其颈部凹陷的下缘,另一只手掌交叉重叠于该手背上,肘关节伸直,依靠体重和臂、肩部肌肉的力量,垂直用力,向脊柱方向冲击性地用力施压胸骨下段,使胸骨下段与其相连的肋骨下陷3~4cm,间接压迫心脏使心脏内血液博出。

(4)挤压后突然放松(要注意掌根不能离开胸壁),依靠胸廓的弹性,使胸骨复位。此时心脏舒张,大静脉的血液就回流到心脏。

视频2 心肺复苏

在进行体外心脏挤压时要注意:首先,操作时定位要准确,用力要垂直适当,要有节奏地反复进行,防止因用力过猛而造成继发性组织器官的损伤或肋骨内折;其次,挤压频率一般控制在每分钟60~80次,有时为了提高效果,可增加挤压频率,达到每分钟100次左右;第三,抢救时必须同时兼顾心跳和呼吸;最后,抢救工作一般需要很长时间,在没送医院之前,抢救工作不能停。

以上两种抢救方法适用范围比较广,除用于电击伤外,对遭雷击、急性中毒、烧伤、心跳骤停等因素所引起的抑制或呼吸停止的伤员都可采用,有时两种方法可交替进行。

3. 操作技术要求

(1)确保足够的按压频率和深度,按压尽量不中断。应用人工呼吸法时每分钟吹气应在12~16次,人工呼吸时送气量不宜过大,以免引起胃胀气。

(2)复苏过程中头后仰保持气道通畅。

(3)按压时肘肩腕关节成直线,与患者长轴垂直;放松时让胸廓充分回弹,手掌根部不离开胸壁。

三、操作安全要求

(1)按照"迅速、就地、准确、坚持"的原则进行及时、合理的现场急救,提高触电抢救的成功率,抢救触电者生命。

(2)使用绝缘材料或器具救人,防止二次触电或抢救者触电。

(3)心肺复苏不可用力过大过猛,以免扩大伤害。

任务4 硫化氢中毒的现场急救

一、任务描述

硫化氢中毒的现场急救是硫化氢中毒后及时、有效的一项救援操作。硫化氢是石油化工行业排在首位的职业危害因素,分布范围广,接触人员多,毒性危害大。硫化氢中毒症状因接触浓度的不同而异,接触高浓度时,很快引起急性中毒,出现昏迷及呼吸麻痹。此时,如能及时、正确地做好现场抢救,会对下一步治疗非常有利。

二、任务操作

1. 准备工作

常用药品,消毒药品,急救物品及防毒面具,硫化氢测试仪,氧气袋,高压水泵,排风扇等。

2. 操作步骤

(1)进入毒气区抢救中毒者,必须先戴上空气呼吸器。

(2)迅速将中毒者从毒气区抬到通风且空气新鲜的上风地区,其间不能乱抬乱背,应将中毒者放于平坦干燥的地方。

(3)如果中毒者没有停止呼吸,应使中毒者处于放松状态,解开其衣扣,保持其呼吸的通畅,并给予输氧。随时保持中毒者的体温。

(4)如果中毒者已经停止呼吸和心跳,应立即进行心肺复苏:

①双手拍打中毒者双肩并呼叫中毒者,观察有无反应;

②立即呼叫其他医务人员帮助抢救;

③将中毒者置于仰卧位;

④畅通呼吸道;

⑤保持中毒者头后仰、呼吸道畅通和口部张开;

⑥抢救者跪伏在中毒者的一侧,用一只手的掌根部轻按中毒者的前额,同时用拇指和食指捏闭中毒者的鼻孔(捏紧鼻翼下端);

⑦抢救者深吸一口气后,张开口紧紧包绕中毒者的口部,使口鼻均不漏气;

⑧用力快速向中毒者口内吹气,使中毒者胸部上抬。

3. 操作技术要求

(1)在转移中毒人员的过程中要沉着、冷静、迅速,不要强拖硬拉,防止造成骨折。如已有骨折或外伤则要注意包扎和固定。

(2)中毒后应立即实施现场急救,急救过程中要注意中毒人员的保暖。

三、操作安全要求

(1)工作人员必须懂得硫化氢中毒的措施和现场抢救方法。

(2)作业人员进入存在硫化氢工作场所时,戴防毒面具、呼吸器等防护措施;系好和拴牢安全带,使用信号联系,并有专人监护。

任务5 烧烫伤的现场急救

一、任务描述

烧烫伤的现场急救是现场发生烧烫伤事件后及时、有效进行前期医治的一项应急操作。烧伤一般是指由于热力(如火焰、热液、热金属、蒸汽和高温气体等)所致的人体组织或器官的损伤。

二、任务操作

1. 操作步骤

1)火焰烧伤

(1)迅速脱离热源,脱去燃烧衣物,就地翻滚或是跳入水池,熄灭火焰。就近用非易燃物品(棉被、毛毯)覆盖,隔绝灭火。

(2)忌奔跑呼叫,烧伤头、面部和呼吸道。避免双手扑打火焰,造成重要功能的双手烫伤。

(3)面积烧伤立即用清水连续冲洗或浸泡,既可减痛又可以带走余热。大面积严重烧伤,应就近输液抗休克,转送途中注意保持呼吸道通畅。高度口渴、烦躁不安提示休克严重,应加快输液,只可少量口服盐水。

(4)火焰烧伤常伴呼吸道受烟雾热力等损伤,应注意保护呼吸道通畅,必要时要给予吸氧。

(5)安慰和鼓励受伤者,使其情绪稳定,疼痛剧烈可酌情使用止痛药。

2)热液烫伤

(1)迅速脱去被热液浸渍的衣服。

(2)可用冷水冲,或将烫伤局部浸泡在冷水中,以减轻疼痛和损伤程度。

3)化学烧伤现场处理

化学烧伤主要指强酸、强碱引起的损伤。强酸或强碱作用于肌体后主要通过氧化、还原、腐蚀等致伤。

(1)所有化学烧伤均应迅速脱去化学物质浸渍的衣服。脱衣动作应该迅速、敏捷,又要小心谨慎。套式衣裙宜向下脱,而不应向上脱,以免浸污烧伤面部,伤及眼部,损伤视力。

(2)在不小心被强碱物质烧伤后,要立刻用大量清水冲洗烧伤部位,如创面过大可采取淋浴的方式,这样不但可稀释碱液,还可将强碱的热能冲去。如为生石灰烧伤,应首先将生石灰粉末轻轻擦拭干净,再用流水冲洗,切记不可将伤部直接浸入水中,因生石灰与水结合会产生氢氧化钙,并释出大量热能,加剧烧伤。有条件时可用弱酸(如5%氯化铵等)溶液冲洗创面,以中和强碱。在用弱酸溶液冲洗创面后还需用清水创面。其他处理同一般烧伤。

(3)强酸烧伤时,根据烧伤后创面的颜色可初步判断致伤酸性物质的种类:硫酸烧伤创面呈青黑色或棕褐色;硝酸烧伤呈黄色,并逐渐转为黄褐色;盐酸相对来说腐蚀性较低,创面呈黄褐色。强酸烧伤后,迅速用大量清水冲洗创面,一般冲洗时间不少于半小时。用5%苏打水中和伤员身上残留下来的酸性物质。石炭酸因不易溶于水,可先用酒精中和,然后再用清水冲洗。如吞服强酸造成消化道损伤可口服鸡蛋清、牛奶进行中和,但不可服用碳酸氢钠液,因其与酸作用可产生大量气体,为防止胃过度胀气致胃破裂,所以不可口服。

(4)磷烧伤时,应立即扑灭火焰,脱去污染的衣服,用大量流动水冲洗创面,最后将患部浸入水中,洗掉磷,并使残留的磷与空气隔绝。如一时缺水,可用多层湿布包扎创面,以使磷与空气隔绝,防止继续燃烧。禁用任何油质敷料包扎创面,以免增加磷的溶解与吸收,引起更严重的磷中毒。

2. 技术要求

(1)对于特殊原因的烧伤或非常严重的烧伤,有危及生命的状况时,比如面积很大,存在吸入性损伤、休克、昏迷等,应马上采取急救措施。

(2)进行心肺复苏操作时按压30次、呼吸2次,交替进行。

三、操作安全要求

(1)急救现场要求通风阴凉。

(2)急救现场尽量避免二次损伤。

(3)情绪不稳定、病痛剧烈可镇静止痛,安慰和鼓励受伤者。

任务6 中暑的现场急救

一、任务描述

中暑是在高温和热辐射的长时间作用下,机体体温调节障碍,水、电解质代谢紊乱及神经系统功能损害症状的总称。要对中暑患者进行现场施救,使其脱离生命危险。

二、任务操作

1. 准备工作

材料毛巾、清凉饮料、中暑药物、医药救治器材等。

2. 操作步骤

(1)转移:迅速将患者转至通风、阴凉的地方,平卧并解开衣扣,松开或脱去衣物,如衣服因汗水湿透应及时更换。

(2)降温:在患者头部敷上冷毛巾,可用50%酒精、白酒、冰水或冷水进行全身擦拭,然后用扇子或电扇吹风,加速散热。但不要快速降低患者体温,当体温降至38℃以下,要停止一切冷敷强降温措施。

(3)补水:确认患者仍有意识时,可提供清凉饮料,加入少量盐或小苏打水。不可急于补充大量水分,否则,会引起呕吐、腹痛、恶心等症状。另外,在患者太阳穴涂抹清凉油或使其口服人丹、藿香正气水等中药作为辅助。

(4)促醒:病人若已失去知觉,可指掐人中、合谷等穴位,使其苏醒。若呼吸停止,应立即实施人工呼吸。

(5)转送:对于重症中暑病人,必须立即送医院诊治。应用担架运送患者,不可使其步行,同时运送途中尽可能地用冰袋敷于病人额头、枕后、胸口、肘窝及大腿根部,积极进行物理降温,以保护大脑、心肺等重要脏器。

(6)收拾工用具。

3. 操作技术要求

(1)判断先兆中暑、轻微中暑和严重中暑的症状。

(2)掌握中暑的常见原因及预防。

三、操作安全要求

(1)中暑救治需大量补充水分和盐分,但避免过量饮水。应少量多次,每次饮水不超过300mL为宜。

(2)避免过量进食,增加患者消化系统负担。

任务7　外伤的现场急救

一、任务描述

外伤现场急救首先要了解致伤因素,及时呼救,拨打急救电话。观察救护环境,选择就近、平坦、安全的救护场地。然后快速、简洁的检查,对伤情进行正确判断。根据伤情有针对性地进行止血、包扎、固定、搬运四大急救基本技术。

二、任务操作

1. 准备工作

材料绷带1~2卷,胶布,生理盐水,棉球,药碗2只,镊子2把,纱布,剪刀1把。

2. 操作步骤

1)止血

(1)指压止血法。

头部:指压颞浅动脉适用于一侧头顶、额部的外伤大出血;指压面动脉适用于面部外伤大出血;指压耳后动脉适用于一侧耳后外伤大出血;指压枕动脉适用于一侧头后枕骨附近外伤大出血。

四肢:指压肱动脉适用于一侧肘关节以下部位的外伤大出血;指压桡、尺动脉适用于手部大出血;指压指(趾)动脉适用于手指(脚趾)大出血;指压股动脉适用于一侧下肢的大出血;指压胫前、后动脉适用于一侧脚的大出血。

(2)加压包扎止血法。

这是急救中最常用的止血方法之一,适用于小动脉、静脉及毛细血管出血。先用无菌纱布覆盖至伤口上,然后用三角巾或绷带加压包扎。压力以能止住血而又不影响伤肢的血液循环为合适。

(3)填塞止血法。

这种方法适用于颈部和臀部较大而深的伤口,先用镊子夹住无菌纱布塞入伤口内,直至止血,包扎固定。颅脑外伤引起的耳、鼻、眼等出血不适用此方法。

(4)加垫屈肢止血法。

这种方法适用于上肢和小腿大量出血,肢体无骨折损伤者。同时注意肢体远端的血液循环,防止肢体坏死。

(5)止血带止血。

这种方法适用于四肢大动脉出血,且使用上述方法均无效时方可采用。常用的止血带有橡皮带、布条止血带等。皮肤与止血带之间不能直接接触,以免损伤皮肤。止血带要松紧适宜。同时记录时间,每隔40~50min放松1~3min,避免肢体坏死。运送伤者时,止血带应有明显标志并注明上止血带时间和放松时间。

2)包扎

(1)绷带包扎法。这种方法多用于手腕、肢体、胸、腹等部位的包扎。将绷带作环形重叠缠绕,最后用扣针将带尾固定,或将带尾剪成两头打结固定。

(2)三角巾包扎法。三角巾全巾:三角巾全幅打开,可用于包扎或悬吊上肢。三角巾宽带:将三角巾顶角折向底边,然后再对折一次,可用于下肢骨折固定或加固上肢悬吊等。三角巾窄带:将三角巾宽带再对折一次,可用于足、踝部的"8"字固定等。

3)固定

减轻疼痛,避免损伤周围组织、血管、脊髓、神经等,减少出血和肿胀,也是搬运的基础,有利于后期的进一步治疗。

根据现场条件和骨折部位采取不同固定方式,固定要牢固,不能过松或过紧。在骨折和关节突出处要加衬垫,以加强固定并防止皮肤压伤。固定骨折所用夹板长度与宽度应与骨折肢体相称,其长度一般超过骨折上下两个关节为宜。对于四肢固定时,应先绑定骨折处上端,后绑定骨折处下端,防止二次错位。

4)搬运

伤员搬运时需要结合伤情,否则会引起伤员不适或者危害。搬运主要是为了使伤员脱离危险区域进行现场救治,尽快使伤员获得专业治疗,最大限度地减轻伤残,挽救生命。

(1)徒手搬运。不需要任何器材,适用于伤势较轻且运送距离较近的伤者。常见的有背负法、抱持法、扶行法、杠轿法等。

(2)器材搬运。担架是搬运的主要工具,但由于现场条件限制,也可使用毛毯、木板等物。主要适用于伤势较重,需要转运距离较远的伤者。利用正确的方法将伤者平缓移至器材上,做好固定,防止翻脱。

3. 技术要求

(1)外伤救治的原则是先抢后救,先重后轻,先急后缓,先近后远,先救命后治伤。

(2)现场救治的主要目的是维持生命、减少出血、防止休克、保护伤口、固定骨折、防止并发症及伤势恶化、快速转移。

(3)止血带止血时每隔40~50min放松1~3min,避免肢体坏死。

三、操作安全要求

(1)避免伤口感染、减少疼痛。

(2)实施救治需按实际情况采取及时、正确的措施,避免造成二次伤害。

习 题

一、单项选择题

1.用液态二氧化碳或氮气做动力,将灭火器内的灭火剂喷出来进行灭火的灭火器是(　　)灭火器。

(A)泡沫　　　　　(B)二氧化碳　　　　(C)1211　　　　　(D)干粉

2. 下列有关石油、天然气着火特点的叙述,其中(　　)的叙述是不正确的。
   (A)石油、天然气易燃、易爆、易挥发
   (B)石油液体产品蒸发的气体,与空气混合就可产生可爆性气体
   (C)一定比例范围之内的混合气体一遇到明火就会产生爆炸
   (D)一定比例范围之内的混合气体一遇静电就会产生爆炸

3. 下列有关石油、天然气着火特点的叙述,其中(　　)的叙述是不正确的。
   (A)易燃　　　(B)易爆　　　(C)易于泄露　　　(D)易于聚积静电

4. 石油、天然气遇到(　　)不易燃、易爆。
   (A)明火　　　(B)电火　　　(C)静电　　　(D)打火机

5. 下列选项中,(　　)不是电器着火的特点。
   (A)产生气体　　　(B)产生泄露　　　(C)产生弧光　　　(D)产生高温

6. 下列有关防电器着火的叙述,其中(　　)的叙述是不正确的。
   (A)安装电开关应与房内的防火要求相适应
   (B)开关的额定电流和额定电压均应和实际使用情况相适应
   (C)线路和设备应连接牢固避免产生过大的接触电阻
   (D)单极开关必须接在零线上

7. 电器着火,在没切断电源时,只能用(　　)灭火机灭火。
   (A)泡沫　　　(B)干粉　　　(C)二氧化碳　　　(D)1211

8. 筒内盛装着碳酸氢钠与发泡剂的混合液的灭火机是(　　)。
   (A)泡沫灭火机　　　　　　　(B)二氧化碳灭火机
   (C)四氯化碳灭火机　　　　　(D)1211灭火机

9. 瓶内充有压缩空气与四氯化碳药剂的灭火机是(　　)。
   (A)泡沫灭火机　　　　　　　(B)二氧化碳灭火机
   (C)四氯化碳灭火机　　　　　(D)1211灭火机

10. 应定期补充灭火剂和氮气的灭火机是(　　)。
    (A)泡沫灭火机　(B)二氧化碳灭火机　(C)四氯化碳灭火机　(D)1211灭火机

11. 下列选项中(　　)是泡沫灭火机使用时的操作要点。
    (A)拉出插销　　　　　　　(B)对准火源按下压把
    (C)以防止冻伤　　　　　　(D)将灭火器颠倒过来

12. 下列选项中(　　)是 CO_2 灭火机使用时的操作要点。
    (A)拉出插销　　　　　　　(B)对准火源按下压把
    (C)以防止冻伤　　　　　　(D)将灭火器颠倒过来

13. 呼吸心跳骤停的指征是(　　)。
    (A)呼吸心跳停止,瞳孔缩小
    (B)呼吸停止、大动脉搏动消失、瞳孔散大、面色苍白、意识丧失
    (C)大动脉搏动消失、意识丧失,呼吸停止

14. 胸外心脏按压的正确部位是(　　)。
    (A)胸骨中下1/3处(胸骨下切迹上方)
    (B)胸骨正中
    (C)胸骨中下1/2处

15. 某作业人员因呼吸,心跳停止,目击者该做( )。
    (A)叫救护车送医院 (B)通知医生来抢救 (C)立即进行心肺复苏
16. 当 H_2S 监测仪发出报警信号时,人员应向( )疏散。
    (A)下风口方向　　　(B)上风口方向　　　(C)低洼处
17. 石油天然气总公司规定的硫化氢安全临界浓度为( )
    (A)10ppm　　　　　(B)20ppm　　　　　(C)100ppm
18. 防毒面具滤毒罐为( )可用于硫化氢防护。
    (A)黄色　　　　　　(B)红色　　　　　　(C)白色
19. 过滤式防毒呼吸器在使用时如感到憋气,( )。
    (A)说明密气性好　　(B)应更换过滤元件 (C)单向阀有问题
20. 通常硫化氢监测仪报警浓度设置在( )报警。
    (A)5ppm　　　　　 (B)10ppm　　　　　(C)15ppm
21. 在油气生产作业中,当油气水中硫化氢逸出的浓度达到100ppm取样时,取样人员( )。
    (A)应进行快速取样操作　　　　　(B)应戴上防护器具
    (C)可以按常规方法取样
22. 人体暴露在超过 $1000mg/m^3$ 的硫化氢浓度下,患者可能发生( )。
    (A)严重中毒　　　　(B)立即死亡　　　　(C)呼吸困难
23. 出现先兆中暑时,此时如能让病人立即离开闷热的环境,到阴凉通风处,并松开衣服,让其喝点( )或冷开水。
    (A)冰冷饮料　　(B)含盐饮料　　(C)10滴水　　(D)可乐
24. 出现轻症中暑时,除有先兆中暑症状外,还可能出现头晕乏力,面色潮红,胸闷气短,皮肤灼热而干燥,体温上升到( )度以上。
    (A)37.5　　　　(B)40　　　　　(C)38.5　　　　(D)42
25. 给中暑患者降温时,患者头部可掮上冷毛巾,可用( )、白酒、冰水或冷水进行全身擦浴,然后用扇或电扇吹风,加速散热。
    (A)85%酒精　　(B)50%酒精　　(C)盐水　　　　(D)苏打水

二、判断题(正确的打"√",错误的打"×")
(　　)1. 佩戴面罩要确保有效的保护效果,蓄有胡须和配戴眼镜的人不得使用呼吸器。
(　　)2. 佩戴空气呼吸器前不必进行报警检查。
(　　)3. 不必将面罩头带拉得太紧,这样会使人感到不适。
(　　)4. 用手心将面罩的进气口堵住,深吸一口气,如感到面罩有向脸部吸紧的现象,且面罩内无任何气流流动,说明面罩是密封的。
(　　)5. 硫化氢浓度越高,气味越大,对人危害也越大。
(　　)6. 硫化氢只对金属材料有腐蚀作用,对非金属材料没有腐蚀作用。
(　　)7. 一般情况下,不同的人使用相同气瓶容量和压力的空气呼吸器,使用的时间相同。
(　　)8. 佩戴自给式呼吸器用于 H_2S 污染场所作业时,要求至少两人在一起,一人作业,一人监护。
(　　)9. H_2S 最易聚集的场所地势低洼和通风不良的场所。

(　　)10. H_2S 在空气中达到一定的浓度后,遇明火将会产生爆炸。
(　　)11. 在使用过滤式呼吸器时,应佩戴好后,再打开滤器的进气口。
(　　)12. 1 人作心肺复苏,每按压胸部 15 次,吹气两口,即 15:2。
(　　)13. 当接触低浓度硫化氢时,患者眼部灼热、畏光、视力模糊、流泪、疼痛及结膜充血,角膜水肿。

项目三 自喷井管理

自喷井是油井充分利用天然能量进行开采的一种生产方式,其工艺流程如图3-1所示。油田开采初期,由于地层能量充足,地层压力较高,油井具有一定自喷能力,油井利用天然能量开采,成本低,易管理,是最经济的一种开采方式。为了能够延长油井自喷期,油井就要采用合理的工作制度和生产压差,合理的工作制度、有效的油井管理措施可以确保油井稳产、增产。

图3-1 自喷井工艺流程图

任务1 自喷井开井

一、任务描述

自喷井是油田生产井的其中一种类型,其井口装置如图3-2所示。自喷井开井是油井生产管理的一项基本操作,按照油井开井程序进行操作,可以使自喷井能够顺利投产、完成采油生产任务(视频3)。

视频3 自喷井开井

二、任务操作

1. 准备工作

(1)工具、用具:200mm、300mm活动扳手各1把,F扳手1把,600mm管钳1把,油嘴扳手1把,合格油嘴1个,通针1根,150mm游标卡尺1把,合格压力表3块,密封带1卷,钢丝刷1把,擦布2块,污油桶,记录本,记录笔。

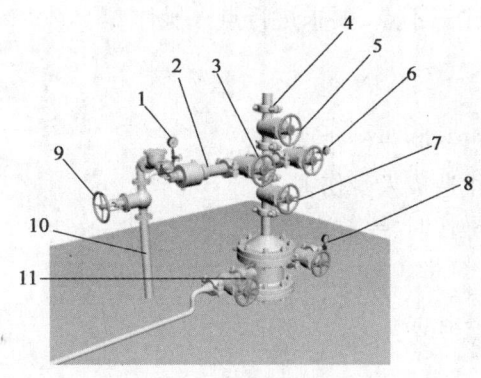

图 3-2 自喷井采油树
1—回压表;2—保温套;3—生产阀门;4—防喷管;5—清蜡阀门;6—油压表;
7—总阀门;8—套压表;9—回压阀门;10—生产管线;11—套管阀门

(2)材料:燃油、点火钩。

2. 操作步骤

1)开井检查

(1)检查采油树配件是否齐全、完好。
(2)检查油井仪器、仪表是否齐全、完好,安装是否正确。
(3)检查流程是否正确,各部位阀门手轮是否齐全、完好。
(4)如果有加热炉的,检查井场水套加热炉水位是否在 1/2~2/3 之间,是否提前 2h 点火预热。
(5)检查安全阀定压是否符合要求,安全阀是否灵活好用,是否在校验期内。
(6)按地质部门配产要求安装上合格油嘴。
(7)记录开井前油压、套压。

2)开井操作

(1)关闭取样阀门。
(2)侧身缓慢依次打开"T"接点阀门、回压阀门、生产阀门。
(3)调节井场水套加热炉炉火、控制水套加热炉温度,进口低于 30℃,出口温度不低于 40℃。
(4)记录开井时间。

3)开井后检查、记录

(1)检查采油树有无渗漏。
(2)检查现场有无异常情况。
(3)记录油压、套压、回压。
(4)收拾工具,清理现场,填写报表。将开井时间、油压、套压、工作制度等相关数据填入报表。

3. 技术要求

(1)油嘴直径要符合地质部门要求,质量合格。
(2)自喷井新井开井 8~16h 后要进行油井清蜡。

(3)井场水套加热炉按"三不点"要求进行点火操作。

三、操作安全要求

(1)开井前熟知油井流程,防止倒错造成憋压。
(2)侧身开关阀门,防止造成人身伤害。
(3)更换压力表、油嘴操作时,要放净余压。
(4)高空作业要系好安全带。

任务2 自喷井关井

一、任务描述

自喷井关井是在油井进行测试或进行更换油嘴等操作时要做的一项操作。自喷井关井时间根据油井关井具体事项不同要求也不同,要严格按地质及工艺部门要求进行操作(视频4)。

二、任务操作

1. 准备工作

(1)工具、用具:300mm、375mm活动扳手各1把,600mm管钳1把,F扳手1把,清蜡工具1套,关井警示牌1块,擦布1块,记录本,记录笔。
(2)材料:燃油、火种。

2. 操作步骤

1)准备工作

(1)了解关井原因。
(2)结蜡井关井前要进行一次刮蜡片深通清蜡。
(3)有加热炉的关井前半小时停运井场水套加热炉。
(4)检查采油树、工艺流程有无渗漏。
(5)录取关井前油压、套压、回压等相关资料。

2)关井操作

(1)侧身缓慢关闭生产阀门、回压阀门、"T"接点阀门(无"T"接点阀门的,直接关闭进站阀门)。
(2)缓慢打开取样阀门,放掉死油后关闭。
(3)冬季关井超过2h要对出油管线进行扫线,放净井场水套加热炉内炉水。

视频4 自喷井关井

(4)挂关井警示牌。

3)关井后检查、记录

(1)检查各阀门有无渗漏。

(2)记录关井时间、关井原因。

(3)记录关井后油压、套压。

(4)收拾工具,将记录内容填写在报表上。

3. 技术要求

(1)关井时要了解关井原因。

(2)关井前要对油井进行刮蜡片深通清蜡。

(3)冬季关井超过2h要对油井管线进行扫线,放净水套加热炉炉水。

三、操作安全要求

(1)开关阀门时要侧身操作。

(2)关井后确认流程是否正确。

(2)关井后每天要定时巡检,录取油压、套压、回压等相关资料

任务3 自喷井巡回检查

一、任务描述

自喷井巡回检查是油井生产管理中的一项例行常规操作,巡查时要严格按巡回检查路线进行检查,检查油井出油管线、油井井口、井场水套加热炉及各连接部位是否正常,油井生产参数有无变化,确保油井正常生产(视频5)。

二、任务操作

1. 准备工作

(1)工具、用具:300mm活动扳手1把,F扳手1把,点火用具1套,擦布若干,记录本,记录笔。

(2)材料:燃油,火种。

2. 操作步骤

1)检查采油树

(1)检查采油树各阀门是否灵活好用,连接紧固、无渗漏、无损坏。

(2)检查仪器、仪表是否齐全完好。

视频5 自喷井巡回检查

(3)手摸油嘴保温套,试保温是否良好。
(4)录取井口油压、套压、回压。
(5)听出油声音,检查油井生产情况。

2)检查井场水套加热炉

(1)检查井场水套加热炉炉火是否正常,出口温度是否保持在40℃以上,水套炉水位是否保持在1/2～2/3之间。

(2)检查井场水套加热炉各部配件是否齐全完好、安全阀灵活是否好用且符合定压要求,用小拇指能扳动安全阀手柄为合格。

3)检查外输管线及其他设施

(1)按照巡回检查路线检查管网流程有无损坏、穿孔、渗漏等现象。
(2)检查清蜡绞车、钢丝、扒杆、滑轮、绷绳等设施是否齐全完好。

4)录取相关资料

(1)录取井口油压、套压、回压。
(2)收拾工具,将有关数据填入报表中。

3. 技术要求

(1)水套加热炉水位保持在1/2～2/3之间,出口温度不低于40℃。
(2)水套加热炉点火时严格执行"三不点"操作要求。

三、操作安全要求

(1)开关阀门要侧身,防止丝杠打出伤人。
(2)确认流程是否正确。
(3)加热炉点火时要背对点火口操作。

任务4　检查(更换)自喷井油嘴

一、任务描述

检查(更换)自喷井油嘴(图3-3,视频6)是自喷井定期进行维护和管理的一项基本操作。自喷井油嘴是控制自喷井生产的一个关键节点,由于高压流体和原油中杂质等对油嘴的冲刷作用,使得油嘴产生刺大现象,引起油井压力波动,破坏油井工作制度,所以要按自喷井管理规定定期对自喷井油嘴进行检查、更换。

二、任务操作

1. 工具、用具

600mm管钳1把,F扳手1把,油嘴扳手1把,150mm游标卡尺1把,合格的油嘴1个,通针1根,自制掏蜡工具1件,密封带1卷,钢丝刷1把,污油桶,擦布,记录本,记录笔。

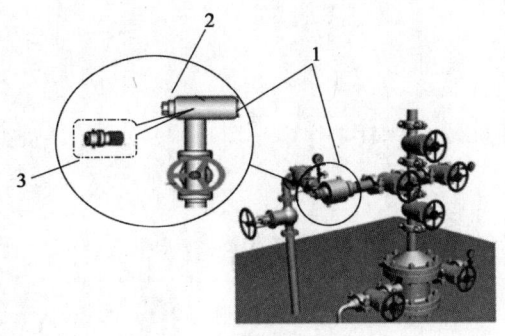

图3-3 自喷井更换油嘴
1—油嘴保温套;2—丝堵;3—油嘴

视频6 检查(更换)自喷井油嘴

2. 操作步骤

1)检查油井生产流程

(1)检查生产流程是否正确。

(2)检查采油树、阀门等配件是否齐全、完好。

(3)检查采油树有无渗漏。

(4)提前关小水套加热炉炉火,控制好炉温。

(5)记录油压,套压、回压。

2)倒流程操作

(1)缓慢关闭生产阀门、回压阀门。

(2)缓慢打开取样阀门放空,放净余压。

3)检查、更换油嘴

(1)用管钳卸保温套丝堵,快卸下时要边卸边晃动,卸掉丝堵,检查螺纹有无损坏。

(2)侧身用通针通油嘴,防止油嘴堵塞,产生憋压。

(3)侧身用油嘴扳手卸油嘴,边卸边晃卸掉油嘴,清理干净油嘴套内油污。

(4)将旧油嘴清理干净,检查旧油嘴孔径,有无刺大,做好记录。

(5)检查新油嘴孔径,误差不超过0.1mm,将油嘴装入油嘴套内,上紧。

(6)保养油嘴套内螺纹,将丝堵清理干净,缠上密封带,上紧油嘴套丝堵。

4)恢复流程

(1)关闭取样放空阀门。

(2)缓慢稍开回压阀门,试压无渗漏,全开回压阀门。

(3)缓慢开生产阀门,观察压力变化,待压力平稳后全开生产阀门。

(4)记录开井时间。

5)清理、记录

(1)观察油井出油正常后,调大井场水套加热炉炉火,控制好炉温。

(2)记录油压、套压、回压、油嘴直径。

(3)收拾工具,清理现场,回站填写报表。

3. 技术要求

(1)油嘴的大小误差小于0.1mm。

(2)开井时要缓慢,过快会引起油井激动出砂。

三、安全技术要求

(1)开关阀门要侧身,防止丝杠打出伤人。
(2)卸丝堵和油嘴时确认压力放净后才能进行操作。

任务5 自喷井机械清蜡

一、任务描述

自喷井机械清蜡(图3-4)是自喷井日常生产管理进行的一项基本操作。由于油井含蜡量不同,清蜡周期也不一样,原油含蜡量高的自喷井每天都要进行清蜡操作,也可根据油井具体情况制定合理的清蜡周期。清蜡的目的是清除油管壁上的结蜡,降低油流阻力,减少结蜡对自喷井正常生产的影响(视频7)。

视频7 自喷井机械清蜡

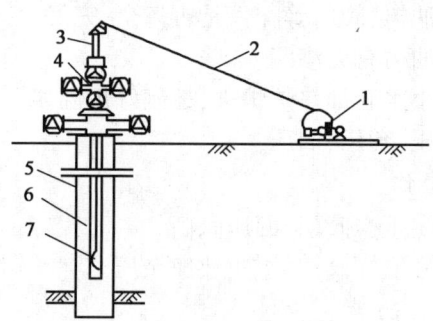
图3-4 自喷井机械清蜡示意图
1—绞车;2—钢丝;3—防喷管;4—采油树;5—套管;6—油管;7—刮蜡片

二、任务操作

本任务操作以人工机械清蜡为例进行介绍。

1. 准备工作

工具、用具:300mm活动扳手1把,600mm管钳1把,F扳手1把,150mm游标卡尺1把,清蜡设施1套,手钳子1把,安全带1副,擦布1块,污油桶,记录本,记录笔。

2. 操作步骤

1)操作前检查

(1)检查刮蜡片有无变形、卷刃、裂痕,连接部位是否牢固,上下转动是否灵活好用。
(2)测量刮蜡片的直径,刮蜡片直径应是上小下大,符合标准。
(3)检查防跳器与滑轮是否啮合,绞车的刹车是否灵敏,钢丝要有死、活记号。
(4)检查标志桩、钢丝记号,钢丝死记号应对准标志桩。
(5)检查防喷管—滑轮—绞车是否"三点一线"。

2)清蜡操作

(1)将连接好的铅锤和刮蜡片放入防喷管中,上紧防喷管丝堵,关闭防喷管放空阀门。

(2)绷紧清蜡钢丝,侧身缓慢稍开清蜡阀门,观察丝堵、密封圈无刺漏,调整好密封圈松紧度,再全打开清蜡阀门。

(3)下放刮蜡片,速度不能过快(每分钟不超过50m),控制好刹车,防止钢丝打扭、跳槽。

(4)刮蜡片下到结蜡点位置,用手反复向下压钢丝,上下活动刮蜡片。

(5)下到预定深度后停止20~30min,在油流作用下排出井筒内蜡块,再上提刮蜡片。

(6)上提刮蜡片时,钢丝排列要整齐,遇卡时,缓慢上下活动刮蜡片,严禁硬拔。

(7)发生顶钻时应快速摇动绞车,严重时拉着钢丝直线跑,同时关闭生产阀门,以防钢丝打扭、掉刮蜡片。

(8)刮蜡片距井口50m时,注意观察钢丝活记号,见到活记号后,慢摇绞车,并在井口观察,听到清蜡工具进入防喷管声音后,立即通知摇绞车人员,停止摇动绞车,检查钢丝死记号是否对齐标志桩。

(9)确认刮蜡片已进入防喷管,一人拉紧钢丝,一人缓慢关清蜡阀门,待关到闸板接近2/3位置时,慢松钢丝下放清蜡工具,听到铅锤撞击清蜡阀门闸板声,确认刮蜡片及铅锤在清蜡阀门之上,关闭清蜡阀门。

(10)打开防喷管放空阀门,放净余压,卸下防喷管丝堵,提出清蜡工具,清理刮蜡片。

3)检查、记录

(1)检查蜡量和蜡性,测量刮蜡片直径是否变形。

(2)记录清蜡时间、深度、蜡性、结蜡深度。

(3)收拾工具,清理现场,填写报表。

3. 操作技术要求

(1)钢丝必须有死、活记号。

(2)刮蜡片下放速度每分钟不能超过50m。

(3)下到预定深度后停止20~30min,使油井充分排蜡。

三、操作安全要求

(1)侧身开关阀门。

(2)清蜡前检查确认清蜡绞车刹车灵活好用。

(3)高空作业要系安全带。

(4)探闸板确认清蜡工具进入防喷管后再关闭清蜡阀门。

(5)发生顶钻时要直线快速奔跑。

任务6 自喷井常见故障判断与处理

一、任务描述

自喷井常见故障判断与处理是自喷井在生产管理过程中对油井进行有效管理,确保油井正常生产的一项重要操作。自喷井管理的宗旨就是要延长油井自喷期,自喷井生产管理中常见故障判断与正确处理是采油工管理油井的核心技能。

二、任务操作

1. 准备工作

(1) 工具、用具:300mm、375mm 活动扳手各 1 把,500mm、1000mm 撬杠各 1 把,3.5kg 大锤 1 把,试电笔 1 支,油嘴扳手,泵车。

(2) 材料:黄油,密封胶带。

2. 分析步骤

1) 清蜡起下困难

(1) 原因:

①清蜡周期制订不完善或清蜡不及时,井筒内结蜡过多。

②原油物性较差,油品黏度大,油井内虽然结蜡不严重,也会出现清蜡时下刮蜡片时间较长,起时反应比较重。

(2) 处理方法:

①制订合理清蜡周期,确定好清蜡时间、深度和周期。

②对结蜡严重的井要勤起下,下刮蜡片时不能太快,到达预定深度后,要及时起上来进行刮蜡,做到勤起下、多打蜡。

③对结蜡严重的井正常清蜡不见效果时可采取进一步攻蜡措施。一是先缩小刮蜡片直径进行清蜡,逐渐放大刮蜡片直径,直至将蜡清理干净;二是下入麻花钻清蜡工具或矛刺钻清蜡工具,在井筒内较多的井段进行攻蜡操作,再用刮蜡片进行清蜡,直至将井筒内蜡清理干净。

2) 油井不出油

(1) 原因:

①油井流压下降到停喷压力以下,地层能量不足导致油井停喷。

②油井见到注水效果导致油井含水上升,井筒内积液严重,液柱压力增大,自喷能力相对减弱导致油井停喷。

③油嘴堵塞导致油井不出油。

④集油管线冻堵导致油井出油少或不出油。

(2) 处理方法:

①关井恢复油井压力,使油井压力上升到稳定值时达到开井压力进行开井。

②井筒积液严重时导致油井不出油,应放大油嘴排出油井内死油,使井筒液体密度下降逐渐回升,待油井恢复自喷能力后换回原油嘴。

③检查油嘴,注意先关生产阀门,关回压阀门,打开放空阀门进行放空,卸下油嘴检查油嘴堵塞情况。

④集油干线堵时可用压风机吹扫,扫不通时要用锅炉车蒸汽吹解,注意不要产生明火。

3) 压力波动情况

自喷井的流压、套压、油压、回压是相互关联、互相影响的,自喷井出现问题了往往体现在压力变化上。自喷井常见事故现象、原因及处理措施见表 3-1。

表 3-1 自喷井常见事故现象、原因及处理措施

序号	事故现象	原因	处理措施
1	产量和油管压力下降,套压、流压上升	油管被堵或结蜡严重	冲洗或清蜡
2	产量急剧下降,分离器压力下降,油压、套压上升	出油管线结蜡或有堵塞物,或油嘴堵塞	对管线进行清蜡及解堵,检查更换油嘴
3	套压下降,油压不变	套管阀门或套管法兰连接处、压力表漏气	修理或改装漏气部分
4	套压、油压均下降	井底砂堵或蜡堵	蜡堵进行深通清蜡,砂堵采取作业冲砂
5	输油温度低	管线结蜡严重或油嘴堵	热洗出油管线,提高输油温度
6	油层静止压力和产量下降,含砂量增加,气油比增高	油嘴偏大,由于大压差采油,形成砂堵或井底明显脱气	先探砂面,系统试井后,选择合理的油嘴,若出砂严重则冲砂
7	套压很高,几乎等于流压,油压低,气油比升高,产量下降	井底泥浆堵或砂堵,出气多,出油少,油套环空中大量充气	先用较大油嘴出油,若仍不畅通则进行冲洗
8	气油比上升,套压接近流压,井内出现硬蜡,产量降低	井底脱气严重,井壁附件油层结蜡	可挤热油、轻质油熔蜡
9	油压突然下降,套压上升,油嘴处有蜡块	油管蜡未清好,油流不畅通	彻底清蜡
10	油压逐渐下降,气油比逐渐上升	油嘴过大,气量消耗增大,油嘴被刺大	通过系统试井并选择合理的油嘴,更换合适的油嘴生产
11	更换油嘴后,油压、套压下降,出油声音不正常,分离器压力升高,气油比增加	油嘴没上紧,喷掉或换错油嘴	检查油嘴
13	出油时油压下降,出气时油压上升	油井出现间隙生产	调整工作制度
14	产量上升,油压、套压下降,气油比下降	见到了注水效果	注意观察油井是否出水

3. 技术要求

（1）分析现象准确,措施得当。

（2）收集资料齐全,数据准确有效。

三、操作安全要求

（1）操作前先将管线内压力放净,严禁带压操作。

（2）侧身缓慢开、关阀门。

习 题

一、单项选择题

1. 自喷井采油就是把( )的油通过自然能量采出到地面。
   (A)套管　　　(B)油管　　　(C)配产器　　　(D)油层

2. 刮蜡片清蜡适用于( )。
   (A)结蜡不严重的自喷井、气举井、电泵井
   (B)结蜡严重的自喷井、电泵井、螺杆泵井
   (C)结蜡不严重的自喷井、抽油机井
   (D)结蜡严重的自喷井、空心杆井

3. 在更换或检查自喷井油嘴时,可以不关的是阀门( )。
   (A)生产阀门　　(B)回压阀门　　(C)生产总阀门　　(D)取样阀门

4. 油嘴扳手属于( )扳手。
   (A)梅花　　　(B)套筒　　　(C)管汇　　　(D)球阀

5. 油嘴的作用是在生产过程中,控制( ),调节油井产量。
   (A)生产气量　　(B)套压　　　(C)生产压差　　(D)回压

6. 在更换或检查自喷井油嘴时,不可缺少的工具是( )。
   (A)钢锯　　　(B)手锤　　　(C)梅花扳手　　(D)游标卡尺

7. 在更换或检查自喷井油嘴时生产闸门应( )。
   (A)打开　　　(B)关闭　　　(C)微开　　　(D)卸开

8. 属于常用的机械清蜡方法的是( )。
   (A)热水洗井　　(B)加防蜡剂　　(C)加清蜡剂　　(D)刮蜡片清蜡

二、判断题(正确的打"√",错误的打"×")

( )1. 将油井井下抽油设备全部起出地面,用蒸汽刺净,然后再下入井内,这就是检泵清蜡,它是机械清蜡中的一种方法。

( )2. 检查更换油嘴时,在放完空及堵头卸掉后,卸油嘴操作要点是:用专用油嘴板手轻轻插进油嘴装置内,确认对准油嘴双耳,然后用力逆时针方向卸扣,油嘴就被卸掉,并随油嘴板手一起取出来。

( )3. 检查更换油嘴时,应准备好指定更换的油嘴1个,卷尺1把,油嘴专用扳手1把,450mm 管钳1把,375mm 活动扳手1把,放空桶(污油桶)1个。

项目四
抽油井管理

游梁式抽油机(图4-1)是一种重要的机械采油生产设备。其常见井口生产装置如图4-2所示。工作时,电动机将高速旋转运动通过皮带和减速箱传给曲柄轴,带动曲柄做低速旋转。曲柄通过连杆经横梁带动游梁上下摆动。挂在驴头上的悬绳器便带动抽油杆柱作往复运动。

游梁式抽油机作为有杆泵采油(视频8)的一种常用采油机械,是目前主要的采油设备。掌握抽油机的操作与维护管理对油井生产有很大帮助。

视频8 有杆泵采油系统

图4-1 游梁式抽油机示意图

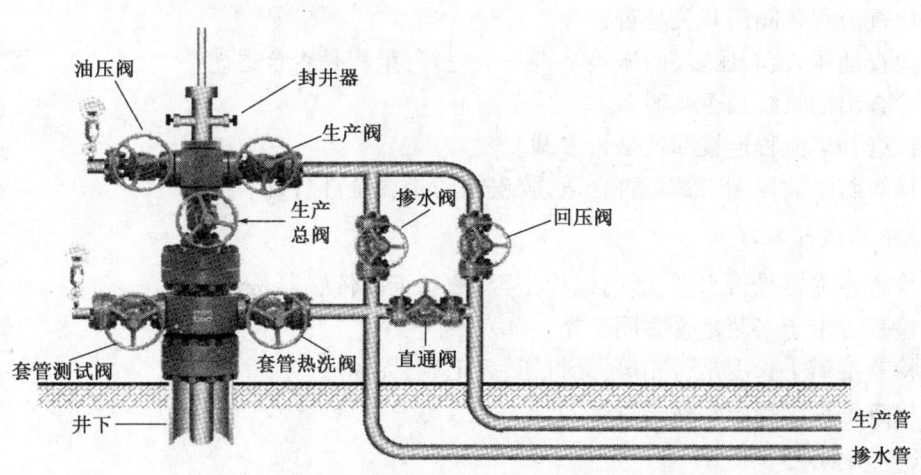

图4-2 抽油机井井口生产装置(双掺水)示意图

任务1　抽油机井开井

一、任务描述

抽油井开井是启动电动机带动抽油机驴头上下往复运动,通过井下深井泵将井液举升到井口的,是管理抽油井的一项基本操作(视频9、视频10)。

视频9　抽油机井开井

视频10　游梁式抽油机井开井

二、任务操作

1. 准备工作

(1)工具、用具:300mm活动扳手1把,600mm管钳1把,250mm螺丝刀1把,钳形电流表1个,F扳手1把,试电笔1支,绝缘手套1副,记录本,记录笔。

(2)材料:盘根若干,黄油1袋。

2. 操作步骤

1)检查井口设施

(1)检查流程各阀门开关是否正确。

(2)检查油压表、套压表、回压表是否齐全完好,量程是否合适。

(3)检查出油管线是否畅通。

(4)检查井口流程连接部位是否渗漏。

(5)检查防喷盒压帽松紧是否合适,胶皮阀门是否全部打开。

2)检查悬绳器及驴头

(1)检查悬绳器是否水平,活门螺栓是否齐全,工图传感器是否完好。

(2)检查方卡子安装是否紧固牢靠。

(3)检查毛辫子长度是否相等,无打扭、无毛刺、无断股。

(4)检查毛辫子挂牌螺栓是否牢固。

3)检查抽油机

(1)检查减速箱内机油液面是否在油位看窗1/2~2/3之间。

(2)检查曲柄销轴承、中轴承、尾轴承润滑油量是否充足。

(3)检查刹车是否灵活好用、刹车行程在 1/2~2/3 之间,刹车轮与刹车片接触面不低于 80%。

(4)检查皮带松紧是否合适,两轮"四点一线"是否合格,误差不超过 2mm。

(5)检查各部位固定螺栓、连接螺栓是否紧固无松动。

(6)检查曲柄轴、减速箱皮带轮、电动机皮带轮、刹车轮的键和盖板螺丝是否紧固无松动。

4)检查电器设备

(1)检查一二次电缆接线是否牢固,有无裸露。

(2)检查接地设施是否齐全、完好。

5)启动抽油机

(1)检查抽油机周围有无障碍物,确认已倒通计量间正常生产流程。

(2)用 F 扳手侧身缓慢打开回压阀门和生产阀门。

(3)松开死刹车、再松开刹车。

(4)用试电笔验电确认电控柜(图 4-3)外壳无电,戴绝缘手套打开电控柜门,侧身按"停止"按钮,检查电压是否在合格范围内,误差不超过 ±5%。

(5)按启动按钮,利用惯性启动抽油机。

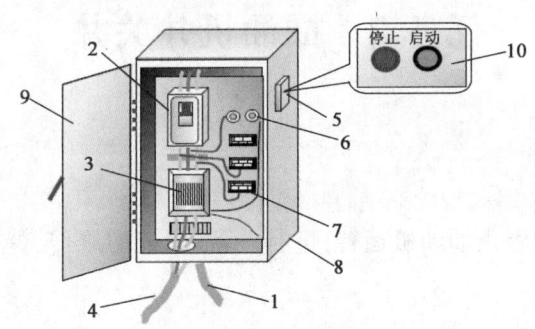

图 4-3 抽油机电控柜

1—电源线;2—空气开关;3—交流接触器;4—电动机供电线;5—启动控制按钮;6—启动控制保险;
7—继电器;8—配电箱;9—配电箱门;10—启停按钮

6)启抽后检查

(1)检查抽油机运转情况是否正常。

(2)检查井口密封填料密封情况,调整密封填料压帽松紧合适。

(3)听或摸判断井口是否有碰、挂现象。

(4)记录油压、套压、电流、开井时间。

(5)收拾工具,清理现场。

3.技术要求

(1)刹车行程在 1/2~2/3 之间,刹车轮与刹车片接触面不低于 80%。

(2)减速箱内机油液面应保持在油位看窗 1/2~2/3 之间。

(3)皮带松紧合适,两轮"四点一线"合格,误差不超过 2mm。

(4)检查抽油机运转是否正常:

①听——听抽油机各部运转声音是否正常。

②看——看流程连接有无渗漏,看抽油机各连接部位螺栓是否松动。

③摸——光杆上行时用手背摸光杆,检查光杆是否发烫。手摸井口判断有没碰挂情况,并根据温度情况检查出油是否正常。

④查——检查减速箱是否漏油,光杆卡子是否松动,毛辫子是否打扭,光杆密封盒松紧是否合适。

⑤闻——电控部分、电动机有无异味。

(5)油井采用掺水(油)伴热措施的,要控制调节好掺水量。

(6)倒流程时先开低压端阀门,再开高压端阀门。

三、操作安全要求

(1)清理抽油井周围障碍物后再启抽。

(2)操作电器设备要戴绝缘手套。

(3)开井时注意油井压力,观察油井有无自喷能力。

(4)倒流程时要侧身操作。

任务2　抽油机井关井

一、任务描述

抽油机井关井主要指停止抽油机运转,进行设备、设施的维修、保养、测试等作业,是管理抽油机井的一项基本操作。

二、任务操作

1. 准备工作

工具、用具:300mm 活动扳手1把,600mm 管钳1把,F扳手1把,试电笔1支,绝缘手套1副,擦布,记录本,记录笔。

2. 操作步骤

1)检查井口流程

(1)检查井口流程各阀门开关是否正确。

(2)检查光杆密封盒是否漏油,并进行调整,检查连接部位是否渗漏。

(3)检查出油管线是否畅通。

(4)录取油压、套压、回压。

2)检查抽油机运行是否正常

(1)听——听抽油机各部运转声音是否正常。

(2)看——看抽油机各连接部位螺栓是否松动。

(3)摸——光杆上行时用手背摸光杆,检查光杆是否发烫。听或手摸井口判断有无碰挂现象,并根据温度情况检查出油是否正常。

(4)查——检查减速箱是否漏油,光杆卡子是否松动,毛辫子是否打扭,光杆密封盒松紧是否合适。

(5)闻——电控部分、电动机有无异味。

3)停止抽油机

(1)根据油井情况决定驴头停止位置。出砂井停在上死点附近,气油比高、结蜡严重或油稠井停在下死点附近,一般井停在上冲程的1/3~1/2处。

(2)戴绝缘手套侧身按控制柜"停止"按钮,待驴头停在要求位置后刹车,侧身切断电源,刹好死刹。

4)倒关井流程

(1)侧身关闭生产阀门、回压阀门。

(2)缓慢打开取样阀门,放掉死油后关闭。

(3)关井后倒地面掺水循环,稠油井关井2h以上,倒地下掺水降黏。

(4)冬季关井超过2h扫线,放净水套加热炉水。

(5)记录关井时间、油压、套压。

(6)清理现场,填写报表。

3. 技术要求

(1)有水套炉的井关闭水套炉供气阀门,冬季关井超过8h,要把水套炉水放掉。

(2)油井关井时,要把生产阀门及计量站该井进干线阀门关闭。

(3)冬季停井扫线后关闭计量站该井进干线及进分离器阀门。

三、操作安全要求

(1)先停抽油机再关闭井口阀门,防止造成井口憋压。

(2)戴绝缘手套操作电器设备。

(3)侧身缓慢开关阀门。

任务3　启动游梁式抽油机

一、任务描述

启动游梁氏抽油机是通过启动电动机带动抽油机驴头上下往复运动,通过井下深井泵将井液举升到井口的,是管理抽油井口的一项基本操作(视频11)。

二、任务操作

1. 准备工作

工具、用具:准备600mm管钳1把,300mm、375mm活动扳手各1把,试电笔1支,钳形电流表1块,绝缘手套1副,记录纸,记录笔。

视频11　游梁式抽油机的启动

2. 操作步骤

1)检查抽油机设备

(1)检查悬绳器上下压板水平,毛辫子有无断股。

(2)检查各处固定螺栓紧固无松动。

(3)检查减速箱机油液位在看窗 1/2~2/3 之间,油质合格。

(4)传动皮带松紧合适,两轮"四点一线"合格。

(5)检查刹车灵活好用,刹车行程在 1/2~2/3 之间。

(6)检查抽油机周围无障碍物。

2)检查井口

(1)检查井口流程各阀门开关是否正确。

(2)检查井口零部件及仪表是否齐全、完好。

(3)检查密封填料松紧是否合适。

(4)侧身打开回压阀门和生产阀门。

3)检查电气设备

(1)检查电器设备接线正确、牢固,电缆无裸露,接地设施齐全、完好。

(2)用试电笔检查配电箱外壳是否完好,戴绝缘手套侧身合闸送电,电压正常。

4)启动抽油机

(1)松开死刹车,再松开刹车拉把。

(2)戴绝缘手套侧身按启动按钮,曲柄旋转至水平位置时按下停止按钮,等到曲柄摆动到最高位置反向回落时再按下启动按钮,利用惯性启动抽油机(图4-4、图4-5)。

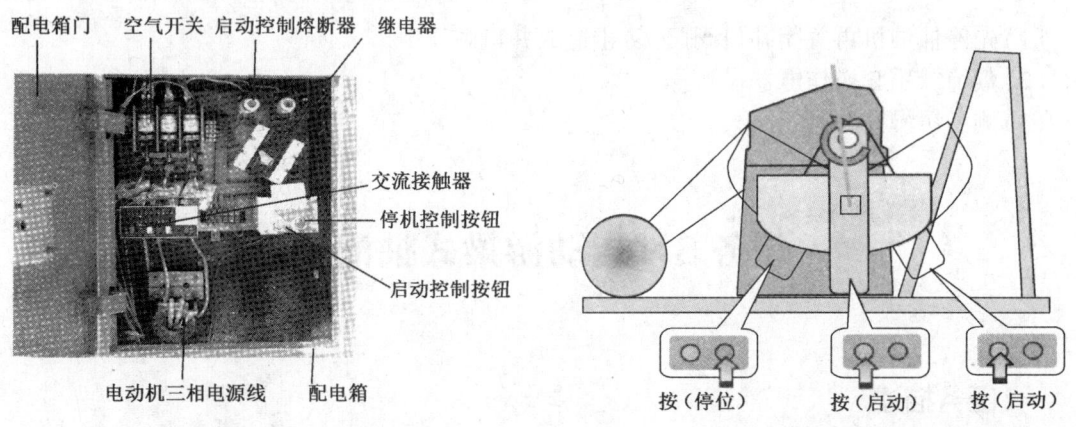

图4-4 抽油机配电箱组成示意图　　图4-5 二次启动抽油机操作程序示意图

5)启动后的检查

(1)听——抽油机运行声音是否正常,各连接部位有无异常声响。

(2)看——抽油机各连接部位有无松动,减速箱是否漏油,方卡子是否松脱,毛辫子是否打扭,光杆密封盒松紧是否合适。

(3)摸——光杆上行时用手背试光杆的温度是否正常,手摸井口判断有无碰挂现象。

(4)查——检查油压、套压、回压是否正常,油井是否出油。

(5)闻——电控部分、电动机等有无异味。

(6)测量抽油机电动机上、下行电流峰值,计算平衡率是否合格。
(7)清理现场,记录开井时间、油压、套压、回压等井口资料。

3. 技术要求

(1)刹车行程在1/2~2/3之间,刹车轮与刹车片接触面不低于80%。
(2)减速箱内机油液面应保持在油位看窗1/2~2/3之间。
(3)皮带松紧合适,两轮"四点一线"合格,误差不超过2mm。
(4)平衡率在85%~115%之间为合格。
(5)大型抽油机利用惯性启动。
(6)若是按启动按钮后电动机嗡嗡响而不转(缺相),要迅速按下停止按钮,并通报专业电工来检修。

三、操作安全要求

(1)清理抽油井周围障碍物后再启抽。
(2)操作电器设备要戴绝缘手套。
(3)开井时注意油井压力,观察油井有无自喷能力。
(4)倒流程时要侧身操作。

任务4　停止游梁式抽油机

一、任务描述

停止游梁式抽油机主要指停止抽油机运转,进行设备、设施的维修、保养、测试等作业,是管理抽油机井的一项基本操作(视频12)。

二、任务操作

1. 准备工作

工具、用具:300mm活动扳手1把,600mm管钳1把,F扳手1把,试电笔1支,绝缘手套1副,擦布,记录本,记录笔。

2. 操作步骤

1)检查油井生产情况

(1)检查并记录油压、套压、回压。
(2)检查井口流程有无渗漏,阀门开关是否正确。
(3)检查光杆密封盒是否漏油,并进行调整。

2)检查抽油机运行情况

(1)检查抽油机运行声音是否正常,各连接部位有无异常声响。

视频12　停止游梁式抽油机

(2)检查抽油机各连接部位有无松动,重点检查曲柄销紧固螺母和平衡块螺栓是否松动。

(3)检查减速箱是否漏油。

(4)检查方卡子是否松脱,毛辫子是否打扭。

(5)检查传动皮带是否损坏,松紧是否合适。

3)停抽

(1)根据油井生产情况,确定抽油机驴头停抽位置。

(2)用试电笔检测配电箱外壳无电,打开配电箱门。

(3)在曲柄接近预停位置时,戴绝缘手套侧身按下停止按钮,拉刹车把,刹紧刹车,观察停机位置是否符合要求,若不符合要求,可慢松刹车,看到曲柄快到要求位置时,迅速拉刹车,进行微调直至符合要求。检查刹车牢固。

(4)侧身拉闸断电,锁好配电箱门,挂上安全警示牌,记录停抽时间。

(5)锁紧死刹车。

4)倒流程

(1)侧身关闭生产阀门、回压阀门。

(2)缓慢打开取样阀门,放掉死油后关闭。

3. 技术要求

(1)驴头停的位置:出砂井停在上死点附近;气油比高、结蜡严重或油稠井停在下死点附近;一般井停在上冲程的1/3~1/2处,如图4-6所示。

(2)需要维修更换部件时根据需要将驴头停到合适位置。

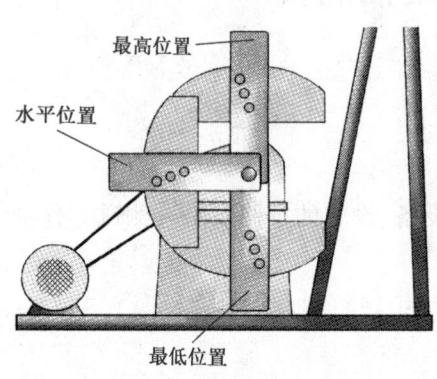

图4-6 抽油机井停机不同位置示意图

三、操作安全要求

(1)正确使用工具以防造成人身伤害。

(2)停机时操作人员要相互配合,避免出现危险。

(3)先停抽油机再关闭井口阀门,否则会造成井口憋压。

(4)戴绝缘手套操作电器设备。

(5)侧身缓慢开关阀门。

任务5 抽油机井巡回检查

一、任务描述

抽油机井的巡回检查是按照巡回检查图(图4-7)通过看、听、摸、查、闻等方法检查设备运转是否正常、油井是否正常生产的一项措施,是管理抽油机井的一项基本操作。

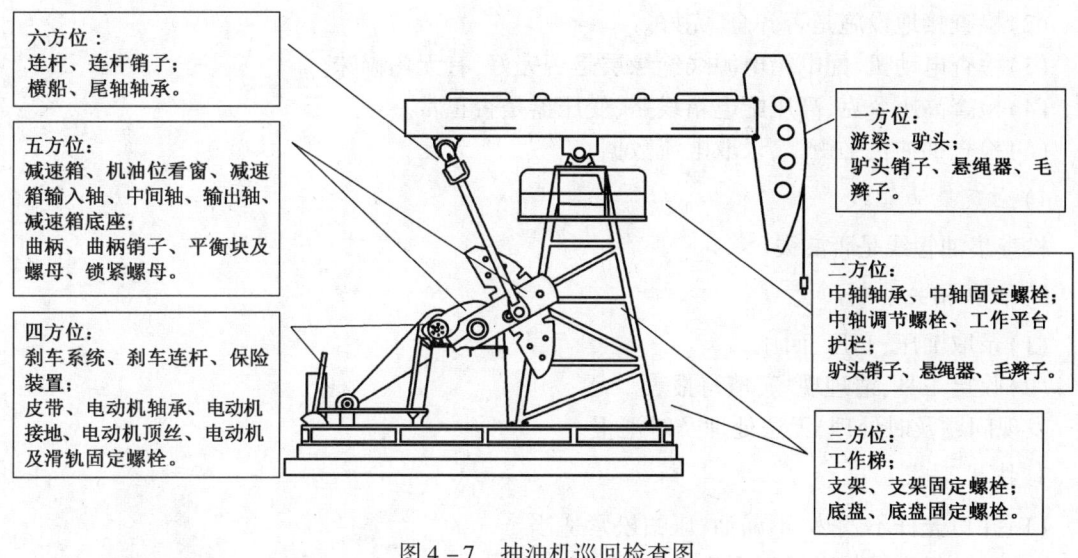

图 4-7 抽油机巡回检查图

二、任务操作

1. 准备工作

(1)工具、用具:300mm、375mm 活动扳手各 1 把,600mm 管钳 1 把,250mm 平口螺丝刀 1 把,钳形电流表 1 块,绝缘手套 1 副,试电笔 1 支,记录笔,记录纸。

(2)材料:擦布 1 块,黄油适量。

2. 操作步骤

1)检查井口设施

(1)检查流程是否正确。

(2)检查采油树配件是否齐全、完好。

(3)检查采油树有无渗漏。

(4)检查密封填料松紧度。

(5)检查光杆和悬绳器运行是否同步。

2)检查抽油设备

(1)检查抽油机各部件是否齐全、完好。

(2)检查抽油机运转有无异响、振动。

(3)检查悬绳器有无打扭、起刺、断股或偏磨驴头。

(4)检查各轴承有无异常响声。

(5)检查各连接件、紧固件有无松动。

(6)检查曲柄销子安全线有无错位、异常响声。

(7)检查抽油机基础有无下沉,底座有无悬空。

(8)检查刹车装置有无刮碰,刹车片是否完好。

(9)检查减速箱有无渗漏,油位是否在检视窗 1/2~2/3 之间。

(10)检查电动机皮带是否损坏,松紧度是否合适。

3)检查电器设备

(1)检查电动机运行是否正常,电动机紧固螺栓是否松动,接线盒塑料布是否完好。

(2)检查接地设施是否齐全、完好。
(3)检查电动机、配电箱电源线绝缘层是否完好,有无焦糊味。
(4)检查高压令克、高压配电箱线路、变压器是否正常。
(5)检查抽油机平衡率,录取电流数据。

4)检查集油管线

检查集油管线是否漏失。

5)录取相关资料

(1)录取油压、套压、回压。
(2)收拾工具,清理现场,填写报表。

发现问题及时处理,无法处理及时汇报。

3. 技术要求

(1)井口光杆不发热,不漏油,压帽松紧适当。
(2)电动机定子外壳温度不超过600℃。
(3)抽油机运转部位无异响,连接部位无松动,机油液位在看窗的1/2~2/3之间。
(4)井口流程正确无渗漏。
(5)平衡率在85%~115%之间为合格。

三、操作安全要求

(1)雨雪天防止电器设备漏电伤人。
(2)检查井口是否有超压现象。
(3)抽油机防护设施要齐全。
(4)不能直接、间接接触运转部分,需要时停机刹车断电。
(5)用手背触摸电动机定子外壳检测电动机温度。
(6)用手背摸光杆温度。

任务6　更换井口压力表

一、任务描述

更换井口压力表指使用合适的工具将井口压力表拆下,并安装校验合格的压力表,是油井管理的一项基本操作(视频13)。

视频13　更换井口压力表

二、任务操作

1. 准备工作

(1)工具、用具:150mm 平口螺丝刀 1 把,200mm、300mm 活动扳手各 1 把,污油桶、记录纸、记录笔。
(2)材料:压力表 1 块,密封带适量。

2. 操作步骤

(1) 记录井口压力值。

(2) 关闭压力表控制阀,卸松压力表后边晃边卸,放掉弹簧管内的余压,在压力表指针归零后,卸掉压力表,如图4-8所示。

(3) 用通针清理压力表接头内污物,用棉纱擦净。

(4) 将新压力表螺纹缠好密封胶带,顺时针4~5圈,如图4-9所示。

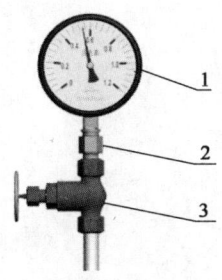

图4-8 更换井口压力表示意图
1—表盘;2—表接头;3—控制阀门

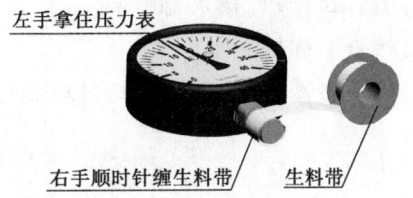

图4-9 压力表密封胶带缠绕方法

(5) 装压力表时,先用双手使压力表与表接头对正,缓慢上扣,确认无偏扣后再用200mm扳手上紧、上正。

(6) 试压——慢开压力表控制阀,待压力表指针平稳时,检查压力表接头无渗漏,开大控制阀,录取压力值并与原压力值对比。

(7) 收拾工具,清理现场。

3. 技术要求

(1) 井口压力在压力表量程的1/3~2/3之间。

(2) 压力表指针落零、螺纹完好、有铅封、有校验合格证。

(3) 表接头无渗漏,表盘在便于观察的位置。

(4) 录取压力时,眼睛、指针、刻度三点一线。

三、操作安全要求

(1) 开关阀门要缓慢。

(2) 卸松压力表等待指针落零后再卸掉压力表。

任务7 井口取样

一、任务描述

井口取样指利用取样桶等工具在井口取样处获得油样,这是管理油井的一项基本操作。

二、任务操作

1. 准备工作

工具、用具:200mm 活动扳手 1 把,大、小样桶、排污放空桶各 1 个,搅拌棒 1 根,细纱布若干,记录笔 1 支,取样标签。

2. 操作步骤(视频 14)

(1)识别取样条,检查确认井口流程正常,油井出油正常。

(2)关井口伴热(掺水)阀门。

(3)检查取样桶无水、干净。

(4)侧身缓慢打开取样阀门放掉死油,如图 4-10 所示。

视频14 抽油井井口取样

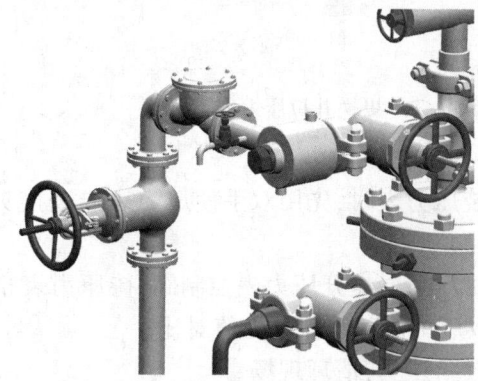

图 4-10 抽油井井口取样示意图

(5)取样时用擦布遮挡,分三次取,每次取 1/3,每次间隔 2 分钟。

(6)取完油样后,立即盖好样桶盖。

(7)样桶上贴上取样标签。

3. 技术要求

(1)保证油样清洁,不宜在刮风、下雨时取样,以免掺进尘土、水分,雨天取样必须有防雨措施。

(2)取样桶必须清洁,每次取样前应洗干净,样桶无渗漏。

(3)取样前必须放尽死油。

(4)取样量不少于 200g。

(5)取样时,温度不得超过 40℃。

(6)化验前不得打开样桶盖,防止水分蒸发,化验含水不准确。

三、操作安全要求

(1)取样时人站在上风口。

(2)缓慢打开取样阀门。

(3)防盗箱取样严禁人员身体全部进入箱体,防止窒息和中毒。

任务8　用钳型电流表测量抽油机平衡

一、任务描述

使用钳型电流表测量抽油机平衡(图4-11)是判断抽油机运转状况的一项基本操作(视频15、视频16)。

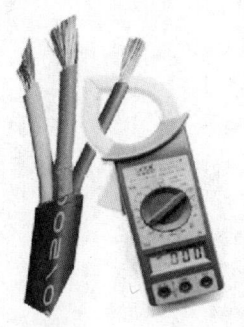

视频15　抽油机测电流操作

视频16　用钳型电流表测抽油机平衡

图4-11　钳型电流表使用示意图

二、任务操作

1. 准备工作

工具、用具：数字式钳型电流表1块，试电笔1支，绝缘手套1副，记录笔，记录纸，计算器。

2. 操作步骤

1)检查电流表

(1)检查钳口是否清洁、开合自如，电流表外观是否完好。

(2)检查电流表内干电池是否完好有电。

(3)将电流表挡位调节旋钮拨到电流区，检查数字是否归零。

2)选择挡位

(1)用试电笔检测电控柜外壳无电，确认安全。

(2)将电流表挡位调节旋钮拨到最大挡位，将被测三相中的任一相导线竖直卡入表钳中央，换挡位时将钳口移开导线。

3)测量取值

(1)分别读出驴头上冲程中的峰值和驴头下冲程中的峰值电流。

(2)分别测出另外两根导线上下冲程时的峰值电流。

4)计算平衡率和调整距离

平衡率计算公式为

$$平衡率 = \frac{下冲程平均电流}{上冲程平均电流} \times 100\% = \frac{I_{均下}}{I_{均上}} \times 100\%$$

其中

$$I_{均上} = (I_{A上} + I_{B上} + I_{C上})/3$$
$$I_{均下} = (I_{A下} + I_{B下} + I_{C下})/3$$

调整距离计算公式为

$$调整距离 = |1-平衡率| \times 100(单位 cm)$$

5)判断结果

当平衡率为85%~115%时,可不调整。平衡率<85%时,配重块向远离曲柄轴的方向调整。平衡率>115%时,配重块向曲柄轴的方向调整。

6)录取并完成

录取相关资料,收拾擦拭工具、用具,清理操作现场。

3.技术要求

(1)选择挡位依次从大到小。

(2)导线竖直卡入表钳中央,换挡位时将钳口移开导线。

(3)读取数值误差小于±1A并取整数。

(4)电流表钳口接触面清洁,应接触良好。

三、操作安全要求

(1)戴绝缘手套方可接触用电设备。

(2)身体远离电动机旋转部位。

任务9 抽油机一级保养

一、任务描述

抽油机一级保养按照抽油机润滑图(图4-12)和抽油机润滑表(表4-1),依据保养"十字"(即紧固、润滑、调整、清洁、防腐)作业法进行作业施工,是管理抽油设备的一项基本操作。

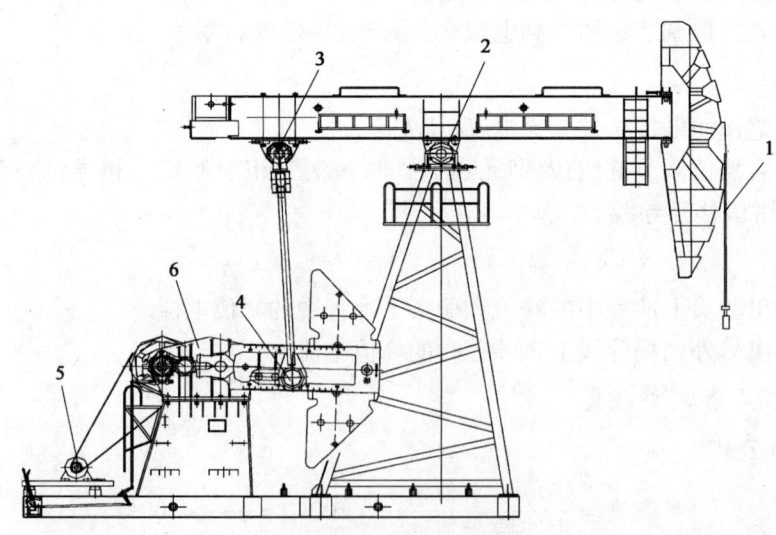

图4-12 抽油机润滑图

1—毛辫子;2—中轴承;3—尾轴承;4—曲柄销轴承;5—电动机轴承;6—减速箱;

表 4-1 抽油机润滑表

序号	润滑部位	润滑点数	润滑油品		用量,L		间隔时间	
			环境温度,℃	油品	加油	更换	加油	更换
1	毛辫子	1		钢丝绳脂	按需		按需	
2	中轴承	1		3号锂基脂	0.3	1	按需	半年
3	尾轴承	1		3号锂基脂	0.2	0.8	按需	半年
4	曲柄销轴承	2		3号锂基脂	0.2	0.5	按需	半年
5	电动机轴承	2		二硫化钼锂基脂	0.3	1	按需	一年
6	减速箱	1		极压(或中极压)工业齿轮油	按需	326	按需	半年

注:(1)对采用润滑脂的部位,原则上每半年加注一次,时间安排在春秋两季。
(2)除润滑表中的 1-6 润滑点外,悬绳器的螺旋千斤顶、驴头销轴、连杆销轴、刹车安全装置轴、刹车瓦轴、刹车摇臂支座轴、刹车把销轴等处,也应定期加注润滑油脂,以防锈蚀。

二、任务操作

1. 准备工作

(1)工具、用具:600mm 管钳 1 把,300mm、375mm、450mm 活动扳手各 1 把,电工工具 1 套,300mm 螺丝刀 1 把,黄油枪 1 把,部分抽油机专用工具,绝缘手套 1 副,安全带 1 副。

(2)材料:黄油 5kg,洗油剂 5kg,棉纱 2kg。

2. 操作步骤

(1)按停止按钮,停抽刹车(停在便于操作位置),拉下空气开关,切断电源。
(2)清除抽油机外部油污、泥土,旋转部位的警示标语要清楚醒目。
(3)紧固减速箱、底座、中轴承、平衡块、电动机等固定螺栓,顶紧中轴、尾轴、电动机顶丝。
(4)打开减速箱检视孔,松开刹车,盘皮带,检查齿轮啮合是否正常。
(5)检查减速箱油面及油质,不足应补加,变质要更换。
(6)清洗减速箱呼吸阀。
(7)对中轴承、尾轴承、曲柄销子轴承加注黄油。
(8)检查刹车是否灵活好用,必要时应进行调整刹车行程在 1/2~2/3 之间。
(9)检查、调整传动皮带松紧合适,四点一线合格。
(10)检查毛辫子无起刺、断股,悬挂器应完好。
(11)检查电器设备绝缘良好,有接地线,各触点接触完好。
(12)检查驴头中心必须与井口中心对正。
(13)合闸送电,启动抽油机,检查是否正常,记录停机和开抽时间。
(14)操作完毕,将工具用具擦洗干净收回。

3. 技术要求

(1)严格按照一级保养周期(运转 700~800h)进行保养。
(2)有加热炉的井应注意调小炉火。
(3)曲柄销子轴承注黄油时,可将轴承盖卸下直接加注黄油。
(4)用手锤检查螺栓紧固时,必须敲击螺栓正面,不得敲击棱角,不得逆时针敲击。

三、操作安全要求

(1) 高空作业时必须系安全带。
(2) 正确使用管钳、扳手、抽油机的特种专用扳手及电工工具。
(3) 启抽或停抽时,人要侧身操作,操作时要戴绝缘手套。
(4) 检查皮带松紧度时严禁手握皮带,以免夹伤手指。
(5) 操作刹车锁片时,防止刹车锁片夹伤手。

任务10　更换抽油机井光杆密封填料

一、任务描述

更换抽油机井光杆密封填料是确保井口密封效果、避免油气污染环境的一项基本操作(视频17)。

二、任务操作

1. 准备工作

(1) 工具、用具:600mm 管钳1把,375mm、300mm 活动扳手各1把,250mm 平口螺丝刀1把,钢锯1把,固定器1个,试电笔1支,绝缘手套1副,安全警示牌,污油桶1个,记录笔,记录纸。
(2) 材料:与光杆直径匹配的密封填料5~7个,黄油,锯条若干,细纱布若干。

2. 操作步骤

1) 切割

切割密封圈按顺时针切割填料,斜口与平面成30°~45°,如图4-13所示。

视频17　更换抽油机井光杆密封填料

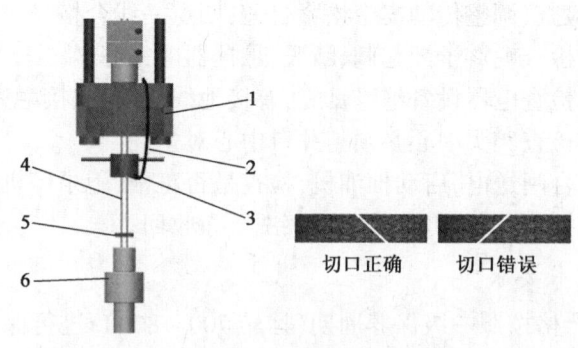

图4-13　加密封填料示意图
1—悬绳器;2—挂钩;3—防喷盒压帽;4—光杆;5—密封圈;6—防喷盒

2)停抽

(1)用试电笔检测配电箱外壳无电,打开配电箱门。

(2)戴绝缘手套侧身按停止按钮停抽,将抽油机停在接近下死点便于操作位置,刹紧刹车,检查刹车牢固。

(3)侧身拉闸断电,锁好配电箱门,挂上安全警示牌,记录停抽时间。

(4)锁紧死刹车,挂上安全警示牌。

3)更换密封填料

(1)同时关闭左、右两边胶皮阀门,使光杆居中。

(2)缓慢卸掉光杆密封盒压帽及格兰,用铁丝钩固定。

(3)取出旧填料,清理干净光杆密封盒内腔。

(4)新填料内圈涂抹黄油。

(5)加入新填料,切口要错开90°~120°,压实。

(6)取下铁丝钩,放正格兰,上好压帽,松紧合适。

(7)同时打开左、右两边胶皮阀门。

4)启抽

(1)检查抽油机周围无障碍物。

(2)摘下安全警示牌,松开死刹,松刹车。

(3)摘下安全警示牌,打开配电箱门,戴绝缘手套,侧身合闸送电。

(4)侧身按启动按钮,利用惯性启动抽油机,锁好配电箱门。

5)检查、调整

(1)检查光杆密封盒是否漏油。

(2)光杆上行时用手背触摸光杆是否发热。

(3)调整压帽松紧合适,上行不漏油,下行不漏气。

(4)检查抽油机运转情况及油井生产情况,记录启抽时间。

(5)收拾工具,清理现场,填写报表。

3. 技术要求

(1)停抽后,将悬绳器停在合适位置,以不妨碍操作为标准。

(2)旧密封填料必须取干净。

(3)相邻两根填料切口要错开90°~120°。

(4)切割填料,斜口与平面成30°~45°。

(5)下压填料时先压下盘再压上盘。

三、操作安全要求

(1)要戴绝缘手套操作电器设备。

(2)断电启抽都要戴绝缘手套。

(3)密封填料压帽固定牢固。

(4)光杆上行时用手背检测光杆温度。

(5)二次调整密封填料松紧在光杆下行时进行。

任务 11　检测抽油机底座水平

一、任务描述

检测抽油机底座是否水平是防止抽油机底座断裂、中轴发生扭曲、减速箱轴承磨损的一项基本操作。

二、任务操作

1. 准备工作

工具、用具:500mm 水平尺 1 把,塞尺 1 把,150mm 游标卡尺 1 把,绝缘手套 1 副,试电笔 1 支,手套 1 副,计算器 1 个,记录纸,记录笔,擦布若干。

2. 操作步骤

(1)检查。检查抽油机目前生产情况,并做好生产记录。

(2)停抽。步骤如下:

①用试电笔检测配电箱外壳无电,打开配电箱门。

②戴绝缘手套侧身按停止按钮停抽,将抽油机驴头停在上死点,刹紧刹车,检查刹车牢固。

③侧身拉闸断电,锁好配电箱门,挂上安全警示牌,记录停抽时间。

④锁紧死刹车,挂上安全警示牌。

(3)测量。测量 3 处横向水平并计算(图 4 - 14),步骤如下:

①擦净横向底座表平面。

②将水平尺放在横向底座中间位置,观察气泡移动方向,将塞尺塞入气泡移动的方向,使气泡处于水平尺中间位置。

③用游标卡尺测量所垫塞尺厚度,根据下式算出横向水平误差:

$$水平度(mm/m) = \frac{塞尺厚度(mm)}{水平尺长度(m)} \qquad (4-1)$$

(4)测量 6 处纵向水平并计算,如图 4 - 14 所示。测量方法为:擦净纵向底座表平面,将水平尺放在纵向底座中间位置,观察气泡移动方向,将塞尺塞入气泡移动的方向,使气泡处于水平尺中间位置,用游标卡尺测量所垫塞尺厚度,根据公式算出纵向水平,计算公式同式(4-1)。

(5)计算抽油机水平度横向水平度小于 2‰,纵向水平度小于 3‰。

(6)检查周围有无障碍物,松刹车,戴绝缘手套侧身合空气开关,按规程利用惯性启机,并检查设备运行情况。

(7)收拾工具,清洁现场。

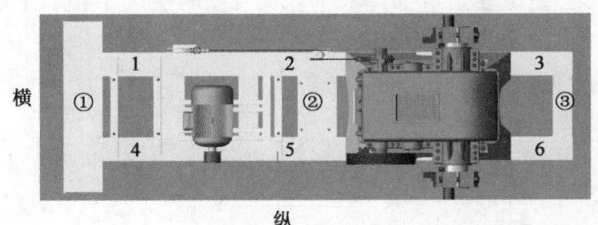

图 4-14 抽油机底座上检测点位置示意图
①、②、③—抽油机横向测点；1、2、3、4、5、6—抽油机纵向测点

3. 技术要求

(1) 在测量之前擦干净台面再放水平仪。
(2) 塞尺要放入气泡移动相反方向。
(3) 气泡要处于水平尺中间位置。
(4) 水平尺要放在中间位置。

三、操作安全要求

(1) 要戴绝缘手套操作电器设备。
(2) 拉紧刹车并锁紧刹车保护装置。

任务 12　测量游梁式抽油机曲柄剪刀差

一、任务描述

使用水平尺测量游梁式抽油机曲柄剪刀差(图 4-15)是为了检测两曲柄是否在一个平面上,是抽油机设备管理的一项基本操作。

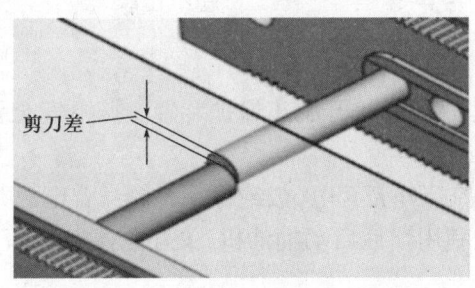

图 4-15　抽油机剪刀差示意图

二、任务操作

1. 准备工作

(1) 工具、用具:超过两曲柄间距长的木直尺 1 根,600mm 管钳 1 把,300mm、375mm 活动

扳手各1把,试电笔1支,绝缘手套1副,水平仪1个,钢卷尺1把,游标卡尺1把,塞尺1把(或标准垫片),扁铲1把,安全警示牌,记录笔。

(2)材料:黄油、细纱布若干。

2. 操作步骤

1)停抽

(1)用试电笔验电,确认电控柜外壳无电,戴绝缘手套打开电控柜门,侧身按"停止"按钮,将曲柄停在前水平位置,刹紧刹车。

(2)戴绝缘手套侧身拉闸断电,记录停抽时间,关好电控柜门。

(3)检查刹车锁块在其行程的1/2~2/3之间,各部件连接完好,刹车紧固,锁紧刹车保护装置,悬挂安全警示牌。

2)测量抽油机底座横向水平度

(1)清理干净底座,在曲柄末端正下方底座上安放木直尺。

(2)水平仪安放在底座中间位置,观察水平仪气泡偏移方向。

(3)在气泡偏移相反方向木直尺下加垫片,直至气泡移动到中间位置。

(4)用游标卡尺测量垫片的总厚度。

3)测量曲柄平面剪刀差

(1)清理干净曲柄末端,在曲柄末端安放木直尺,水平仪安放在两曲柄中间位置。

(2)观察水平仪气泡偏移方向。

(3)在气泡偏移相反方向木直尺下加垫片,直至气泡移动到中间位置。

(4)用游标卡尺测量垫片的总厚度,即为两曲柄的剪刀差数值。

4)计算实测剪刀差

(1)根据所测底座与曲柄的数值,同向相减,异向相加(所加垫片在同一侧为同向,反之为异向),得出厚度差值。

(2)用差值乘以输出轴至最大冲程孔的长度,再除以水平仪长度,即为该抽油机剪刀差:

$$剪刀差 = \frac{塞尺总厚度值 \times 两曲柄之间宽度}{水平尺长度} \qquad (4-2)$$

5)启抽

(1)检查抽油机周围无障碍物,松开刹车保护装置。摘下安全警示牌,缓松刹车控制曲柄转速。

(2)验电器验电确认电控柜外壳无电,戴绝缘手套侧身合电源开关。

(3)侧身按"启动"按钮利用惯性启动抽油机,关好电控柜门,记录开井时间。

6)记录并完成

填好班报表将有关数据填入班报表;收拾擦拭工具、用具,清理操作现场。

3. 技术要求

(1)停机时,曲柄必须停在水平位置。

(2)剪刀差标准5型机剪刀差不得超过5mm,10型机剪刀差不得超过6mm,12型机剪刀差不得超过7mm。

(3)抽油机上的所有操作必须在停机刹车状态下进行。

三、安全操作要求

(1)要戴绝缘手套操作电器设备。
(2)拉紧刹车并锁紧刹车保护装置。

任务 13　游梁式抽油机更换皮带操作

一、任务描述

抽油机井电动机皮带的作用是将电动机的旋转运动传递给减速箱,从而带动减速箱齿轮旋转。由于皮带长期在野外运转,条件较为恶劣,容易产生磨损,游梁式抽油机更换皮带是采油工设备操作的一项基本技能。

二、任务操作

1. 准备工作

(1)工具、用具:300mm、375mm 活动扳手各 1 把,500mm、1000mm 撬杠各 1 把,3.5kg 大锤 1 把,试电笔 1 支,绝缘手套 1 副,细线绳 1 根。
(2)材料:相同型号、规格的新皮带 1 条,黄油适量,棉纱适量。

2. 操作步骤

(1)停抽。
①用试电笔验电,确认电控柜外壳无电,戴绝缘手套打开电控柜门,侧身按"停止"按钮,将曲柄停在前水平位置,刹紧刹车。
②戴绝缘手套侧身拉闸断电,记录停抽时间,关好电控柜门。
③检查刹车锁块在其行程的 1/2～2/3 之间,各部件连接完好,刹车紧固,锁紧刹车保护装置,悬挂安全警示牌。

(2)取下皮带。
①先用扳手或小撬杠卸松电动机前顶丝。
②卸松电动机底座四条固定螺栓。
③用手掌下压皮带使电动机前移,或用电动机后顶丝向前移动电动机,取下旧皮带,如图 4-16 所示。

(3)换上新皮带先将新皮带放入减速箱皮带轮槽内,再放入电动机皮带轮槽内,注意皮带轮轮槽对正。

(4)用电动机前顶丝向后移动电动机,使皮带松紧度合适。

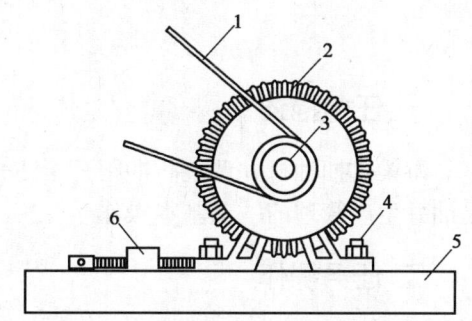

图 4-16　更换电动机皮带示意图
1—皮带;2—电动机;3—电动机皮带轮;
4—固定螺栓;5—电动机滑轨;6—电动机顶丝

(5)测量两皮带轮四点一线情况并调整合格。

①如减速箱皮带轮内侧端面未与线绳贴合,应卸松电动机滑轨螺丝,用大锤将滑轨向风扇罩方向移动,直到线绳与内侧端面贴合,并紧固滑轨螺栓。

②如电动机皮带轮端面未与线绳贴合,应卸松电动机滑轨螺栓,用大锤将滑轨向电动机轮方向移动,直到线绳与内侧端面贴合,并紧固滑轨螺栓。

③如电动机皮带轮内侧端面未与线绳贴合,应松电动机前顶丝,紧固后顶丝,直到线绳与内侧端面贴合。

④如电动机皮带轮外侧端面未与线绳贴合,应松电动机后顶丝,紧固前顶丝,直到线绳与内侧端面贴合。

(6)先将电动机后底座螺栓紧固,再对角紧固其他螺栓,关闭皮带护罩上活门。

(7)按照启动游梁式抽油机井操作启抽。

(8)检查皮带运行是否合格,油井生产是否正常。

(9)将停井时间、维修内容填入报表。

3. 技术要求

(1)装、卸皮带时,严禁戴手套抓皮带。

(2)测量四点一线时,拉线须过两轴中心。

(3)如用顶丝达不到四点一线时,可调整滑轨。

(4)如果是来电自启启动柜,停抽时要将转换开关拨到"手动",启抽后拨回"自动"。

三、操作安全要求

(1)操作过程中规范使用工、用具。

(2)戴绝缘手套,侧身操作电器设备,按照标准化程序解锁、摘牌,送电启抽。

(3)确定抽油机周围无障碍物后再启抽。

(4)用大锤时不能戴手套。

(5)严格执行上锁、挂牌制度。

任务14 游梁式抽油机井调防冲距操作

一、任务描述

游梁式抽油机井调整防冲距是指防止柱塞在下死点时撞击固定阀和上死点脱出工作筒,是油井生产管理的一项基本操作。

二、任务操作

1. 准备工作

(1)工具、用具:300mm、375mm活动扳手各1把,250mm中平锉1把,光杆卡子1副,绝缘手套1副,试电笔1支,钢板尺1把,擦布,画线笔,记录本,记录笔。

(2)材料:黄油,棉纱适量。

2. 操作步骤

(1)停抽。

①用试电笔验电,确认电控柜外壳无电,戴绝缘手套打开电控柜门,侧身按"停止"按钮,将驴头停在合适位置,刹紧刹车。

②戴绝缘手套侧身拉闸断电,记录停抽时间,关好电控柜门。

③检查刹车锁块在其行程的 1/2~2/3 之间,各部件连接完好,刹车紧固,锁紧刹车保护装置,悬挂安全警示牌。

(2)将方卡子打在光杆密封盒上方。

(3)卸负荷。

①松开死刹车,松刹车。

②戴绝缘手套合上空气开关,侧身按"启动"按钮点启抽油机,卸掉驴头负荷,侧身按"停止"按钮,刹紧刹车。

③锁紧死刹车,侧身断开空气开关。

(4)根据预定位置,在光杆上量好距离,做出记号,卸松原负荷卡子。

①缩小防冲距时,在原负荷卡子上方做好记号,并打好负荷卡子。

②若加大防冲距,在原负荷卡子下方做好记号,并打好负荷卡子,如图 4-17 所示。

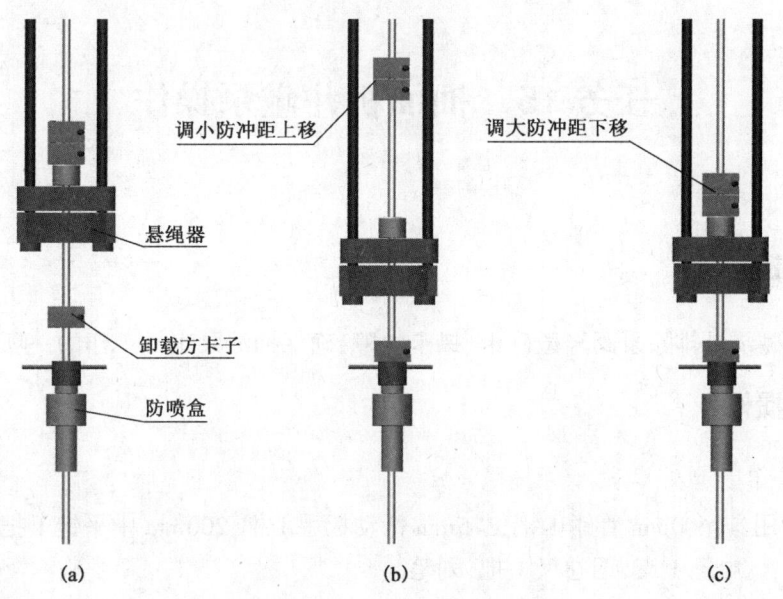

图 4-17 抽油机调防冲距示意图

(5)挂负荷。

①松开死刹车,松刹车。

②卸下光杆密封盒上方卡子,打磨光杆毛刺。

(6)启抽。

①检查抽油机周围无障碍物。

②摘下安全警示牌,松开死刹,松刹车。

③摘下安全警示牌,打开配电箱门,戴绝缘手套,侧身合闸送电。

④侧身按"启动"按钮,利用惯性启动抽油机,锁好配电箱门。
(7)检查调整效果。
①检查光杆上下行程中有无挂、碰现象。
②检查井口有无渗漏。
③检查油井生产情况,记录油压、套压、回压、启抽时间。
④收拾工具,清理现场,填写报表。

3.技术要求

(1)校对防冲距,无碰挂现象。
(2)如果是来电自启启动柜,停抽时要将转换开关拨到"手动",启抽后拨回"自动"。
(3)松刹车时控制曲柄转速。

三、操作安全要求

(1)操作过程中规范使用工、用具。
(2)戴绝缘手套,侧身操作电器设备,按照标准化程序解锁、摘牌、送电启抽。
(3)操作过程中,严禁用手抓光杆。
(4)确定抽油机周围无障碍物后再启抽。
(5)严格执行上锁、挂牌制度。

任务15　抽油机井碰泵操作

一、任务描述

抽油机井碰泵是排除泵阀轻微砂卡、蜡卡故障,确保抽油泵正常工作的一项基本操作。

二、任务操作

1.准备工作

(1)工具、用具:600mm管钳1把,375mm活动扳手1把,200mm中平锉1把,方卡子1副,绝缘手套1副,试电笔1支,钢卷尺1把,划笔。
(2)材料:擦布若干。

2.操作步骤

(1)停抽。
①用试电笔检测配电柜外壳是否带电,戴好绝缘手套。
②侧身按"停止"按钮,将抽油机驴头停在接近下死点刹紧刹车,戴绝缘手套侧身拉下空气开关,记录停抽时间。
③检查刹车情况,以刹车锁块在其行程范围的1/2~2/3之间,各部件连接完好为宜。
④刹紧死刹,锁好锁块,在刹车上挂上警示牌。

(2)卸负荷(图4-18)。

①在光杆密封盒上方打紧光杆卡子,打卡子时人要站在平稳的地方,不可站在阀门手轮或丝杠等圆滑的地方。

②松开死刹车,缓慢松开刹车,戴绝缘手套侧身合上空气开关,点车启动抽油机。

③当光杆卡子坐在井口光杆密封盒上,卸掉驴头负荷,停抽断电,刹紧刹车,刹紧死刹,锁好锁块。

(3)调整负荷卡子位置。

①有传感器时正确取下载荷传感器,在光杆卡子上方大于原防冲距20~30cm处做好记号。

②卸松悬绳器上方的光杆卡子,移动到预调标记打紧,如图4-19所示。

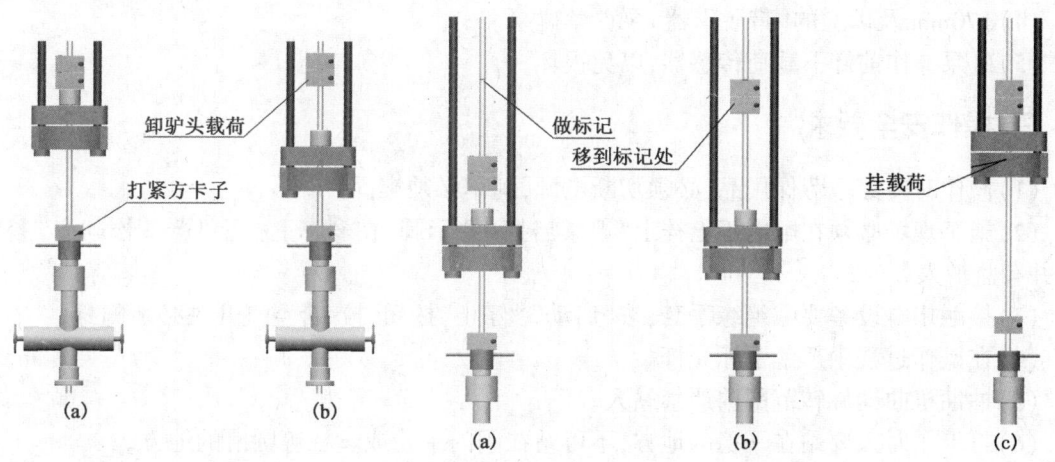

图4-18 卸负荷示意图　　　图4-19 调整负荷卡子位置

(4)挂负荷。

①松开死刹车,缓慢松开刹车使驴头吃上负荷,刹紧刹车。

②卸下密封盒上的光杆卡子,用锉刀锉净光杆上的毛刺。

(5)碰泵。

①检查抽油机周围无障碍物,缓慢松开刹车,戴绝缘手套侧身合上空气开关。

②按规程启动抽油机碰泵3~5次。

(6)调回防冲距。

①碰泵完毕后,戴绝缘手套侧身按"停止"按钮,将抽油机停在合适位置,刹紧刹车。

②戴绝缘手套侧身断开空气开关,刹紧死刹。

③在光杆密封盒上方打紧光杆卡子。

④戴绝缘手套侧身合上空气开关,利用惯性启动抽油机。

⑤当抽油机运行到近下死点位置时,戴绝缘手套侧身按"停止"按钮,刹紧刹车,侧身断开空气开关。

⑥正确安装载荷传感器,手扶悬绳器下压板侧面,将悬绳器上方的方卡子卸松,下放到原防冲距位置,并打紧。

⑦松死刹,缓慢松开刹车,使驴头挂上负荷,刹紧刹车。

(7)卸下光杆密封盒上方的光杆卡子,用锉刀锉净光杆上的毛刺。

(8)启动抽油机,检查。
①检查抽油机周围无障碍物,松开死刹,松开刹车。
②戴绝缘手套侧身合上空气开关,利用惯性启动抽油机,记录启抽时间。
③检查井下有无挂、碰声音。
④核实产液量、压力、含水率。
(9)清理场地,收拾擦拭工用具,清理施工现场,将碰泵情况填入报表及设备运转记录。

3. 技术要求

(1)碰击的次数不宜过多,一般 3~5 次。
(2)泵阀有蜡或砂关闭不严时要碰泵。
(3)防冲距要合适,出油正常。
(4)ϕ70mm 及以上的(带脱卡器)泵严禁碰泵。
(5)碰泵操作前卸下载荷传感器,以免损坏。

三、操作安全要求

(1)操作时要穿戴劳保用品,必须切断电源,刹车必须牢固。
(2)施工现场必须在配电柜上挂上"严禁启抽"警示牌,在刹车上挂上"严禁松刹车"警示牌,并有监护人。
(3)接触用电设备要戴绝缘手套,按"启动""停止"按钮,拉、合空气开关必须侧身。
(4)在操作过程中严禁手抓光杆。
(5)抽油机曲柄旋转范围内严禁站人。
(6)打卡子时人要站在平稳的地方,不可站在阀门手轮或丝杠等圆滑的地方。
(7)刹车要刹到位(刹车抱合度≥80%)且刹死死刹,配电柜断电上锁。抽油机不停机情况下,不得进入危险区域进行施工作业。登高操作(高度≥2m)应有安全保护监护人员及相应措施(操作平台或安全带)。

任务 16 游梁式抽油机调整冲次(电动机轮)操作

一、任务描述

游梁式抽油机调整冲次是为了使工作参数符合油井供液能力,是提高泵效的一项措施,也是油井管理的一项基本操作。

二、任务操作

1. 准备工作

(1)工具、用具:300mm、375mm 活动扳手各 1 把,500mm、1200mm 撬杠各 1 把,3.5kg 大锤 1 把,铜棒 1 根,试电笔 1 支,绝缘手套 1 副,合适规格的拔轮器 1 个,游标卡尺 1 把,秒表 1 块。

(2)材料:合适规格的皮带轮1个,黄油,棉纱,砂纸,细铁丝1段,细线绳1根。

2. 操作步骤

(1)确定合格的电动机皮带轮。

①在冲次和电动机转速已定的情况下,电动机的皮带轮直径 D_1 可按下式确定(计算结果取整):

$$D_1 = \frac{D_2 n_2 Z}{n_1} \tag{4-3}$$

式中　D_1——所要更换电动机的皮带轮直径,mm;
　　　D_2——减速器皮带轮直径,mm;
　　　n_2——抽油机冲次,次/min;
　　　Z——减速器的减速比;
　　　n_1——电动机额定转速,r/min。

如设定本机 D_2 为800mm,n_2 为7次/min,Z 为34.46,n_2 为960r/min,则电动机皮带轮直径 D_1 应该为

$$D_1 = \frac{D_2 n_2 Z}{n_1} = \frac{800 \times 7 \times 34.46}{960} \approx 200 (\text{mm})$$

②皮带轮边缘不可有缺损。

③皮带轮的槽型应与皮带型号相对应。

(2)停抽。

①选择将驴头停在上死点。

②用试电笔检查启动柜外壳是否带电,戴绝缘手套侧身按停止按钮,拉紧刹车,锁死死刹车。

③戴绝缘手套侧身拉下空气开关。

④有防护罩时先打开皮带护罩上皮带轮处活门。

(3)取下皮带。

①先用扳手或小撬杠卸松电动机前顶丝。

②卸松电动机底座四条固定螺栓。

③用手掌下压皮带使电机前移,或用电动机后顶丝向前移动电动机,取下旧皮带。

(4)拆卸电动机轮。

①卸掉电动机轮压盖。对于不同类型的电动机其皮带轮组装不同,卸法也不同,如图4-20所示。

②将拔轮器固定在皮带轮上,用铁丝捆绑牢固。

③人站在侧位旋转拔轮器顶丝,卸掉旧皮带轮,如图4-21所示。

(5)用游标卡尺测量电动机轴外径和新皮带轮的内径,检查间隙配合是否达到要求。

(6)安装新电动机轮。

①用细砂纸和擦布清洗电动机轴和新皮带轮的内孔,键涂抹黄油装在键槽内。

②将新皮带轮对准键套入电动机轴,并用铜棒均匀敲打牢固到位。

③上好电动机轮压盖,拧紧固定螺栓。

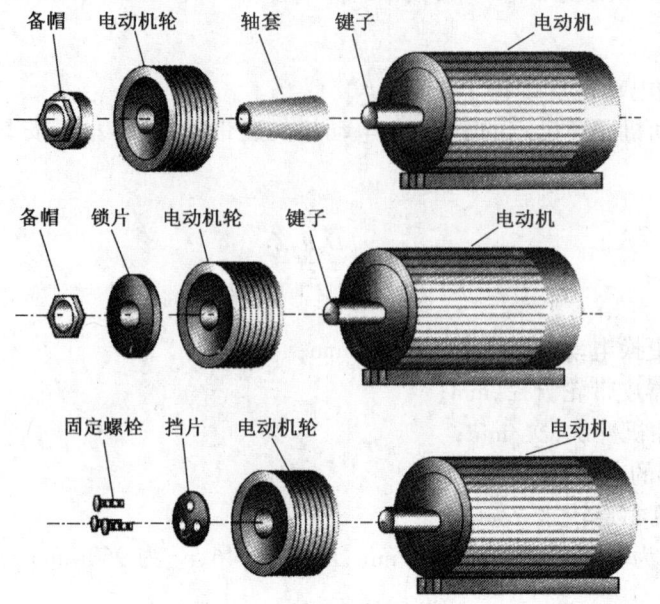

图4-20 电动机轮组装卸示意图

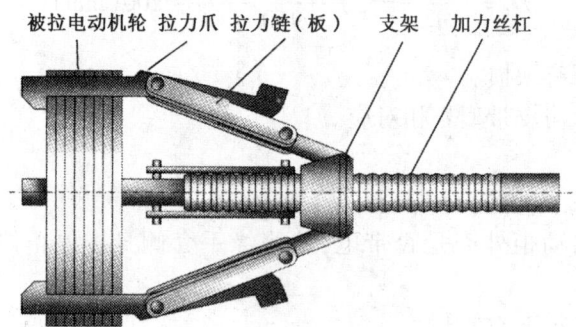

图4-21 拔轮器使用示意图

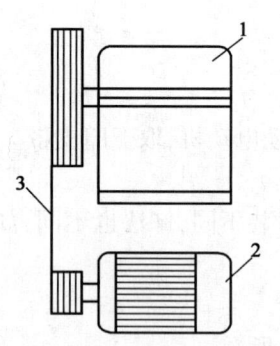

图4-22 电动机皮带安装示意图
1—减速箱；2—电动机；
3—四点一线

(7)将皮带放入电动机皮带轮槽内,注意皮带轮轮槽对正。

(8)向后移动电动机,调整皮带松紧和四点一线合格,紧固电动机底座螺栓。

(9)按游梁式抽油机井启井操作启抽。

(10)检查皮带轮有无松动,核实冲次、电流、平衡率。

(11)收拾工、用具,填写报表。

3. 技术要求

(1)测量四点一线时拉线须过两轴中心。

(2)如用顶丝达不到四点一线时,可调整滑轨,如图4-22所示。

(3)来电自启启动柜,停抽时要将转换开关拨到"手动",启抽后拨回"自动"。

三、操作安全要求

(1)操作过程中规范使用工、用具。
(2)装、卸皮带时,严禁戴手套抓皮带。
(3)戴绝缘手套,侧身操作电器设备。
(4)用大锤时不能戴手套。
(5)严格执行上锁、挂牌制度。
(6)确定抽油机周围无障碍物后再启抽。

任务17 抽油机井井口憋压(抽压)

一、任务描述

抽油机井井口憋压是为了验证抽油泵及油管是否发生漏失,是管理抽油井的一项基本操作。

二、任务操作

1. 准备工作
(1)工具、用具:250mm 活动扳手1把,F扳手1把,绝缘手套1副,试电笔1支,擦布1块,在校验期内量程合适的压力表1块,记录笔,直尺1把。
(2)材料:米格纸1张。

2. 操作步骤

1)了解生产参数、检查流程
(1)了解油井冲程、冲数、泵径等参数以及油井正常生产时的泵况。确定合理的憋压数据,一般油井憋压在2~2.5MPa之间。
(2)检查井口生产状况,确认流程无渗漏。
(3)在米格纸上画出抽压坐标,确定比例,纵坐标为抽压值,横坐标为憋压时间,标注井号和憋压日期。

2)更换压力表
确认井口油压表量程是否合适(4MPa),若量程过小,则更换量程合适的合格压力表。

3)关回压阀门憋压
(1)侧身关闭井口回压阀门,开始抽压。
(2)以抽压次数确定抽压标准,即从关死回压阀门起记好冲次,每隔1min记录一次压力值。

4)停抽,稳压
(1)一人在井口记录压力的同时,另一人在抽油机配电箱位置待命。

(2)当井口憋压数据达到2.5MPa时,立即侧身按停止按钮,拉下空气开关,拉紧刹车。

(3)停抽10~15min,记录稳压数据。

5)换回原油压表

换回油井原油压压力表。

6)打开回压阀门,泄压,启抽

(1)侧身打开回压阀门,当压力恢复到原压力时,松刹车,侧身合上空气开关,检查抽油机周围无障碍物。

(2)侧身按启动按钮启抽,检查抽油机及油井生产情况。

7)绘制憋压曲线

(1)绘憋压曲线(图4-23),把记录数值绘在坐标系上,然后用光滑的曲线连起来。

(2)在曲线右上角注明憋压情况,包括原压力值、抽压次数、停抽时最高压力值、压降等数据。

3.技术要求

(1)选用量程合适的压力表,并经校验合格。

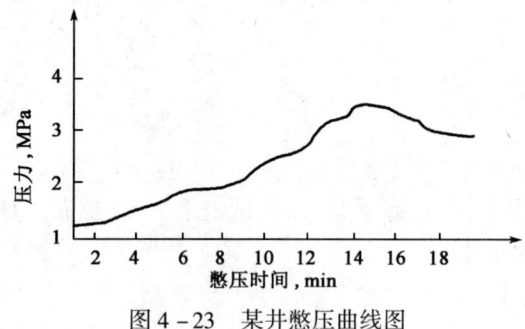

图4-23 某井憋压曲线图

(2)憋压压力不能超过压力表量程的2/3。

(3)采油树各部位不渗不漏,阀门灵活好用。

(4)若压力上升较快,应及时打开回压阀门并停抽拉紧刹车。

(5)大泵(泵径超过70mm)不允许憋压。

(6)读压力值时,眼睛、指针、刻度成一条垂直于表盘的直线。

三、操作安全要求

(1)操作过程中规范使用工、用具,避免造成物体打击。

(2)先用试电笔检查控制屏接地无电,再操作电器设备。

(3)侧身缓慢开关阀门。

(4)戴绝缘手套合闸,按启动按钮。

任务18 抽油机二级保养

一、任务描述

抽油机二级保养是在抽油机运转4000小时后由队级维修班进行的二级保养工作,包括一级保养内容,是管理抽油机设备的一项操作。

二、任务操作

1. 准备工作

(1) 工具、用具：200mm、300mm、375mm 活动扳手各 1 把，黄油枪 1~2 支，棉纱 3kg，磁铁 1 块，水平尺 1 把，钢卷尺 1 把，金属软棒 1 节，齐头扁挫 1 把，方卡子 1 副，水桶 2 只，中粗砂纸 2 张，风扇，拔轮器 1 副，小油壶 1 只，曲柄销子套筒扳手 1 把，3.75kg 锤子 1 把，手钳 1 把，油漆 1 桶，安全带 1 副，绝缘手套 1 只，试电笔 1 支，吊车 1 台，记录笔。

(2) 材料：黄油 1 桶，煤油 20kg，楔铁若干。

2. 操作步骤

1) 检查

(1) 检查井口流程是否正常，记录油压、套压、回压。

(2) 检查抽油机的平衡情况，用钳形电流表测量电流，观察上行、下行电流峰值的变化情况，平衡率应在 85%~115% 之间才算合格，如达不到要求应进行调节。

2) 停抽

(1) 根据油井生产情况，确定抽油机驴头停抽位置。

(2) 用试电笔检测配电箱外壳无电，打开配电箱门。

(3) 戴绝缘手套侧身按停止按钮停抽，刹紧刹车，检查刹车牢固。

(4) 侧身拉闸断电，锁好配电箱门，挂上安全警示牌。

(5) 锁紧死刹车，挂上安全警示牌。

3) 一级保养操作

(1) 进行一级保养的全部内容，也可与最后一次一级保养同时进行。

(2) 对抽油机中轴、尾轴、曲柄轴承、刹车等润滑部位逐个加足黄油。

(3) 检查皮带松紧度以及四点一线情况，如不合格，应进行调整。

4) 检查、保养减速箱

(1) 回收减速箱内机油，再打开减速箱上盖检查各齿轮啮合情况。

(2) 用煤油清洗减速箱内部，用磁铁吸出铁屑并擦干。

(3) 卸下减速箱上的呼吸阀，拆洗清理干净后原样上好。

(4) 检查曲柄轴承磨损情况，径向间隙是否合格，骨架油封磨损情况，必要时进行更换。

(5) 加足机油，根据情况决定是否更换垫片和油封，安装好减速箱上盖。

5) 检查校对抽油机纵、横水平和连杆长度

(1) 在抽油机基础平面上选取适当纵、横位置，用水平尺测量纵、横向水平误差。

(2) 卸掉驴头负荷，用千斤顶顶起底座，放入斜铁后再紧固底座。

(3) 用钢卷尺测量两侧连杆长度是否一致。

6) 调整抽油机刹车

(1) 调整连接杆螺母或穿钉螺母，使刹车行程在 1/3~2/3 之间。

(2) 检查刹车蹄动作是否一致，调整复位弹簧弹力合适。

(3) 检查刹车片磨损情况，再决定是否需要调整或更换刹车片。

(4)调整刹车摇臂,使两刹车片与刹车轮间隙一致。

(5)调整刹车片与刹车轮接触面积达到80%以上。

7)检查、调整驴头对中

(1)根据检查情况确定是否需要进行调整,如果需要调整可卸掉驴头负荷后,卸松中轴固定螺栓,通过调整中轴底座两侧顶丝来调整驴头的对中。

(2)确定调整合乎要求后,紧固固定螺栓,挂负荷,验证调整效果。

8)检查曲柄销子及连杆

(1)检查曲柄销螺帽紧固无松动。

(2)检查连杆与轴承座连接螺栓无松动。

(3)检查销子轴承无破损,否则更换轴承。

(4)检查连杆与曲柄之间的间隙相同,并且两连杆轴线平行。

9)检查电器设备

(1)检查电动机接线是否牢固。

(2)检查电动机绝缘数值是否符合要求。

(3)检查大理石闸刀熔丝管、熔断片是否符合要求。

(4)检查交流接触器触点是否有烧蚀现象,如有烧蚀现象应用砂纸磨平,严重时更换触点。

(5)清洁配电箱,电动机加注黄油。

(6)卸掉电动机轴承端盖,轴承室加入二硫化钼。

10)启抽、检查

(1)检查抽油机周围无障碍物。

(2)摘下安全警示牌,松开死刹,松刹车。

(3)摘下安全警示牌,打开配电箱门,戴绝缘手套,侧身合闸送电。

(4)侧身按启动按钮,利用惯性启动抽油机,锁好配电箱门。

(5)检查抽油机运转正常,油井生产正常,记录压力、关井时间。

(6)收拾工具,清理现场,填写报表。

3. 技术要求

(1)减速箱机油液位在机油看窗的 1/2～2/3 之间。

(2)刹车行程在 1/3～2/3 之间,刹车轮与刹车片接触面达到80%以上。

(3)底座横向水平误差不大于0.5mm,纵向水平误差不大于3mm。

(4)两连杆长度误差不超过3mm,两连杆平行。

(5)驴头对中误差要求 5 型机不大于3mm,10 型机不大于6mm,12 型机不大于8mm。

(6)电动机相间、对地绝缘数值不低于0.5MΩ。

(7)电动机皮带轮与输入轴皮带轮四点一线合格,误差不大于2mm。

三、操作安全要求

(1)正确选择、使用工具、用具。

(2)接触电器设备前先用试电笔验电,戴绝缘手套侧身操作电器设备。

(3)锁紧死刹车。
(4)禁止戴手套抓皮带。
(5)高空作业系好安全带。
(6)吊装作业时避开吊臂旋转区域。
(7)禁止戴手套使用大锤。
(8)检查电动机、启动柜接线及测绝缘时先切断电源。
(9)五级风以上及下雨、下雪天不得进行抽油机保养作业。
(10)对抽油机所进行的任何操作都必须在停机刹车的状态下进行。

任务 19　抽油机井热洗

一、任务描述

抽油机井热洗是指通过清蜡车组对井筒加热清蜡,降低油井负荷,是管理抽油机井的一项基本操作。热洗流程如图 4-24 所示。

二、任务操作

1. 准备工作

工具、用具:300 型热洗车 1 台,15m³ 水罐车 2 台,钳形电流表 1 块,600mm、900mm 管钳各 1 把,3.75kg 大锤 1 把,高压洗井接头 1 副,绝缘手套 1 副,记录笔 1 支,记录纸。

2. 操作步骤

(1)连接流程。

①通知计量站或转油站倒好站内流程,检查井口流程,记录油压、套压。

②打开套管阀门,慢放套管气,使套压低于洗井压力 0.3 ~ 0.5MPa(对于套管阀门常开的可省略此步)。

③连接洗井管线,将套管头与热洗车、水罐车连接好,并用大锤砸紧。

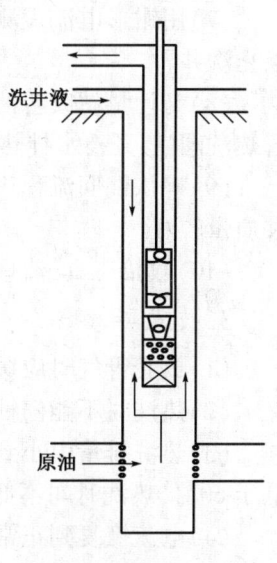

图 4-24　热洗流程示意图

(2)用钳形电流表测量抽油机驴头上下行的电流,并进行记录。

(3)启动泵车点火,给洗井液加压、升温,当泵压高于油井套压时,开套管阀门进行热洗。热洗共分三个阶段:

①第一阶段,洗井液温度为 60 ~ 65℃;

②第二阶段,洗井液温度为 70 ~ 78℃;

③第三阶段,洗井液温度为 80 ~ 90℃,洗井液用量为井筒容积的 1.5 ~ 2.5 倍。

(4)用钳形电流表测电流,若抽油机驴头上下行电流差值较小,说明油井生产正常,记录好数据,即可停止洗井。

(5)洗井完毕后,停炉,停热洗泵,拆卸井口洗井管线,恢复井口原貌。

(6)通知计量站或转油站倒回原流程,恢复正常生产,此时油压有明显上升,而套压接近零时说明洗井质量较好。

(7)将有关资料填入报表并向有关部门汇报,收拾工具,清理现场。

如果用双管流程热洗井,其操作步骤如下:

(1)与计量站或转油站联系约定倒流程时间。

(2)检查井口流程,记录油压、套压,用钳形电流表测量抽油机驴头上下行的电流,并进行记录。

(3)打开套管阀门慢放套管气,使套压低于洗井压力 0.3~0.5MPa(对于套管阀门常开的可省略此步)。

(4)打开高低压直通阀门,双管连通地面双管,到约定时间,打开地面循环。根据井间距离和热洗周期确认可以倒洗井流程时,关闭井口掺水阀门,打开套管洗井阀门,在开大后,稍关一点井口直通阀,井口套压开始上升,并稳定在一个值上,在确认不憋压后,关闭井口直通阀。

(5)观察油压、套压变化,用手不断摸总阀门,若温度由凉逐渐变热,再变凉,再变热,并很快接近进口温度时,说明油井已洗通。

(6)在确认热洗畅通后,根据洗井制度及质量标准调整排量、温度以及洗井时间。

(7)用钳形电流表测电流,若抽油机驴头上下行电流差值较小,说明油井生产正常,即可停止洗井。

(8)与计量站或转油站联系停泵,倒回原生产流程,确认计量站或转油站停泵后,关闭套管热洗阀门,开掺水拌热阀门。

(9)确认倒回流程正确后,录取油压、套压,此时油压有明显上升,而套压接近零时说明洗井质量较好。

(10)收拾工具,清理现场。

3. 技术要求

(1)放套管气时应缓慢,防止地层激动(套压控制井)。

(2)热洗时不能停抽油机,以防套管内的死油堵死进泵通道。

(3)热洗排量由小到大,逐步升温,热洗进口温度最后应达到 85~90℃左右,出口温度不低于 60℃,热洗时间不低于 4h。

(4)电流恢复到正常工作时的电流。

(5)洗井完毕后,热洗车柱塞泵一定要先放空。

三、操作安全要求

(1)工具使用时,操作要平稳,配件规格型号要配套,用大锤时不能戴手套,防止滑脱伤人。

(2)雨雪天严禁热洗。

(3)确认流程畅通,热洗温度要由低到高升温,符合洗井要求。

(4)热洗车连接管线要牢靠,防止高压管线刺漏或热液烫伤工作人员。

任务 20　更换抽油机曲柄销子总成

一、任务描述

游梁式抽油机更换曲柄销子总成是为了防止曲柄销子损坏造成重大机械事故,确保抽油机正常运转,是管理抽油机设备的一项操作。

二、任务操作

1. 准备工作

(1) 工具、用具:250mm、300mm、375mm 活动扳手各 1 把、1000mm 撬杠 2 根,5kg 大锤 1 把,与光杆匹配的方卡子 1 副,250mm 锉刀 1 把,钳型电流表 1 块,光杆卡子 1 副,ϕ50mm 铜棒 1 根,钢丝绳套 2 副,倒链 1 副,10m 棕绳 2 根,安全警示牌 2 块,绝缘手套 1 副,试电笔 1 支,擦布,记录本,记录笔,吊车 1 台,随车吊 1 台。

(2) 材料:相同规格的曲柄销总成 1 套,键 1 块,黄油、清洗油适量。

2. 操作步骤

先检查抽油机刹车是否灵活好用,再进行以下操作。

1) 停抽

(1) 用试电笔检测配电箱外壳无电,打开配电箱门。

(2) 当抽油机驴头接近上死点位置时,戴绝缘手套侧身按停止按钮停抽,刹紧刹车,检查刹车牢固。

(3) 侧身拉闸断电,锁好配电箱门,挂上安全警示牌,记录停抽时间。

(4) 锁紧死刹车,挂上安全警示牌。

2) 卸负荷

(1) 在光杆密封盒上方打紧光杆卡子。

(2) 检查抽油机周围无障碍物,缓慢松开刹车,戴绝缘手套侧身点起抽油机。

(3) 待光杆卡子坐在井口光杆密封盒上,将曲柄停在前下方 45°~60°便于操作的位置,刹紧刹车。

(4) 侧身拉闸断电,锁好配电箱门,锁紧死刹车,挂上安全警示牌。

(5) 用导链和棕绳将游梁和变速箱、驴头和支架拉紧。

3) 拆卸曲柄销子总成

(1) 卸松连杆定位螺栓,卸掉连杆与曲柄销子轴承座连接螺栓,撬出连杆。

(2) 拔掉曲柄销开口销,卸去冕形螺母,取下压紧垫圈。

(3) 将曲柄销子垫上铜棒敲松或用撬杠撬松,然后取下曲柄销总成和衬套。

(4) 清洗曲柄孔并涂上润滑油。

4) 安装曲柄销子总成

(1) 对有衬套的曲柄销子,将新衬套装入曲柄孔内。

(2) 再将新曲柄总成的销子对准衬套键槽装入衬套内,装好键,放好压紧垫圈,上紧冕形螺母,插入开口销子。

(3) 曲柄销子轴承座内面与曲柄孔端面保持 4~10mm 的间隙,否则应调整衬套位置,对无衬套的曲柄销子则直接装入曲柄孔内。

5) 安装连杆

(1) 连接连杆与曲柄销子轴承座,上紧连接螺栓,上紧连杆定位螺栓。

(2) 卸掉导链和棕绳。

6) 挂负荷

(1) 松刹车,让驴头挂上负荷再刹紧刹车。

(2) 卸去光杆密封盒上的方卡子,用锉刀锉掉光杆的毛刺,松开刹车。

7) 启抽检查

(1) 检查抽油机周围无障碍物。

(2) 摘下安全警示牌,打开配电箱门,戴绝缘手套,侧身合闸送电。

(3) 侧身按启动按钮,利用惯性启动抽油机,锁好配电箱门。

(4) 检查抽油机运转是否正常,有无异响,密封填料有无渗漏。

(5) 检查油井生产情况,录取油压、套压、回压,记录启抽时间。

(6) 收拾工具,清理现场,填写报表。

3. 技术要求

(1) 停抽要拉闸,确保电源切断。

(2) 带衬套有键的曲柄销可在安装前涂上薄薄一层黄油,而带锥度的曲柄销,销体和孔内不准涂黄油,装前用砂布、棉纱擦干净即可。

(3) 压紧垫圈安装要求为曲柄销端面与压紧垫圈之间有 4~6mm 间隙。

(4) 摘负荷后,悬绳器上的方卡子可不卸掉,防止尾轴承下坠。

(5) 用铜棒垫上打出曲柄销子及衬套,防止损坏衬套及销子。

(6) 新衬套装入曲柄冲程孔内要对准键槽后再将曲柄销子及键装入。

(7) 装、卸衬套必须用铜棒垫上,防止衬套损伤。

三、操作安全要求

(1) 正确选择、使用工具和用具。

(2) 接触电器设备前先用试电笔验电,戴绝缘手套侧身操作电器设备。

(3) 锁紧死刹车。

(4) 拆装光杆卡子时禁止手抓光杆。

(5) 严谨戴手套使用大锤。

(6) 使用导链时要销好保险销子,拉动时人应站在侧面,防止挂钩脱落伤人。

(7) 高空作业时脚下要站稳,登高作业超过 2m 以上必须穿戴安全带。

(8) 卸曲柄销子时人要站在侧面,用手锤打松销子后必须用撬杠撬出,防止曲柄销子飞出伤人。

任务 21　抽油机调冲程

一、任务描述

抽油机调冲程是为了达到油井工作制度与地层的供液能力相匹配,保证油井合理的沉没度,是管理油井的一项基本操作。

二、任务操作

1. 准备工作

(1)工具、用具:450mm 活动扳手 2 把,300mm 活动扳手 1 把,700mm 尖头撬杠 2 把,40mm×30mm 铜棒 1 根,0.75kg、3.5kg 手锤各 1 把,3～5t 导链 2 副,200mm 手钳 1 把,150mm 平口螺丝刀 1 把,光杆方卡子 1 副,卡瓦牙 2 片,79～110mm 冕形螺母套筒扳手 1 把,1.5m×2.5m 操作平台 1 架,0.5～2.5m 安全带 2 副,直尺 1 把,500A 钳形电流表 1 块,绝缘手套 1 副,φ15mm 钢丝绳 10m,φ15mm 钢丝绳套 2 副,φ20mm 棕绳 1 根,100 号砂纸 2 张,钢刷子 1 把,400mm 中平锉 1 把,笔,纸。

(2)材料:黄油、棉纱少许。

2. 操作步骤

用吊车调抽油机冲程的操作,如图 4-25 所示。此部分以人工用环链手拉葫芦调冲程(图 4-26)为例说明。

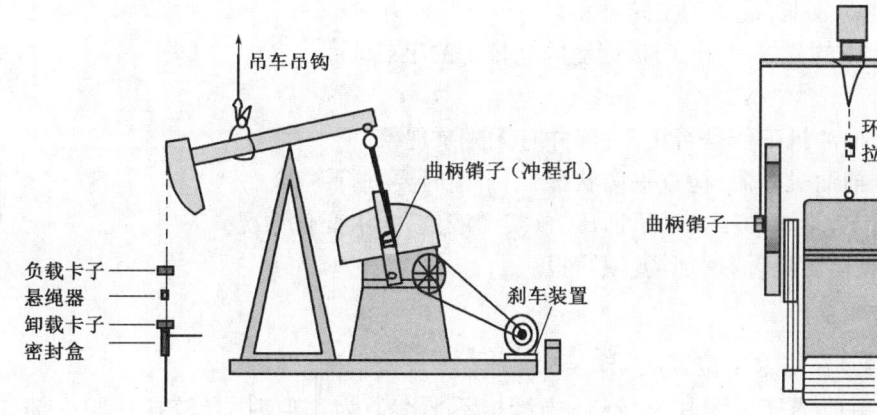

图 4-25　抽油机井调冲程(用吊车)示意图　　图 4-26　抽油机井调冲程(人工用环链手拉葫芦)示意图

(1)停抽。

①用试电笔检测配电柜外壳是否带电,戴好绝缘手套。

②侧身按停止按钮,将抽油机驴头停在接近上死点刹紧刹车,戴绝缘手套侧身拉下空气开关,记录停抽时间。

③检查刹车情况以刹车锁块在其行程范围的 1/2~2/3 之间,各部件连接完好。
④刹紧死刹,锁好锁块,在刹车上挂上警示牌。
(2)卸负荷。
①在密封盒上方打紧光杆卡子。
②松开死刹车,缓慢松开刹车,戴绝缘手套侧身合上空气开关,点车启动抽油机。
③当光杆卡子坐在井口光杆密封盒上卸掉驴头负荷,停抽断电,刹紧刹车,刹紧死刹,锁好锁块。
(3)由两名操作人员站在操作平台上,调整导链,挂上钢丝绳,将尾轴承与变速箱、驴头与井口分别拴住,并使其绷紧,防止曲柄销子撬出后造成驴头下坠或上升。
(4)用手钳拔掉两边曲柄销上的开口销或用活动扳手卸掉盖板螺栓后拿下盖板。
(5)用冕形螺母套筒扳手卸掉背帽和冕形螺母,取下垫片,再将冕形螺母用手上到曲柄销子上,上到和销子螺纹平扣为止。
(6)用活动扳手将两边连杆销拉紧螺栓松开,用铜棒垫在曲柄销子上,用手锤打松曲柄销子总成。
(7)用棕绳将连杆绑住固定(驴头偏重的抽油机可用导链将尾轴承与变速箱相连并拉紧,防止曲柄销撬出后,驴头下坠),用撬杠撬出两边曲柄销子总成,将两边连杆与曲柄总成拉出,并绑在抽油机支架上,并用铜棒垫在衬套上,将衬套打出。
(8)检查打出的销子和衬套有无磨损,如有磨损应进行更换。
(9)将选定的衬套和冲程孔用棉纱擦拭干净,并涂上黄油,将衬套装入冲程孔内,清理曲柄销子表面并加黄油。
(10)一人用导链调整曲柄销子位置,另两人分别松左、右钢丝绳,使曲柄销子对准孔中心慢慢推进去。
(11)卸去连杆上的棕绳,放好垫片,拧紧冕形螺母及背母,装好开口销子或上好盖板。
(12)卸下导链下部钢丝绳,取下尾轴承与变速箱、驴头与井口两副导链和钢丝绳。
(13)根据冲程调整的数据,重新调整防冲距。
(14)卸掉防喷盒上方的光杆卡子,用板锉锉净光杆上的毛刺。
(15)启抽检查。
①送电,启抽,检查抽油机工作是否正常,油井有无碰泵现象。
②用钳形电流表测抽油机电流,检查平衡状况,不平衡时要进行调整。
③检查油井生产情况,录取油压、套压、回压,核实产液量、含水变化情况。
④记录启抽时间,收拾工具,清理现场,填写报表。

3. 技术要求

(1)停机时,将曲柄停在与水平位置成 45°~60°处。
(2)根据结构不平衡值选择位置挂好导链,当结构不平衡值为正值时,导链挂在驴头部位。当结构不平衡值为负值时,导链挂在尾梁上。
(3)撬出曲柄销子时,应防止碰坏销子螺纹。
(4)悬绳器上方的方卡子不准卸掉,防止抽油机尾部下坠伤人。
(5)冲程由大调小应下放防冲距,冲程由小调大应上提防冲距。
(6)设备无扭曲,无杂音,运转正常。

三、操作安全要求

（1）正确选择、使用工具和用具。
（2）接触电器设备前先用试电笔验电，戴绝缘手套侧身操作电器设备。
（3）锁紧死刹车。
（4）拆装光杆卡子时禁止手抓光杆。
（5）严禁戴手套使用大锤。
（6）使用导链时要销好保险销子，拉动时人应站在侧面，防止挂钩脱落伤人。
（7）高空作业时脚下要站稳，登高作业超过2m以上必须穿戴安全带。
（8）卸曲柄销子时人要站在侧面，用手锤打松销子后必须用撬杠撬出，防止曲柄销子飞出伤人。

任务22　抽油井生产管理中常见故障判断与处理

一、任务描述

抽油机井工作在野外恶劣的环境、地面和井下情况处于动态变化或生产中会出现各种各样的故障。抽油井生产管理中常见故障判断与处理是管理抽油井的综合核心技能。

二、任务操作

1. 准备工作

（1）工具、用具：300mm、375mm活动扳手各1把，500mm、1000mm撬杠各1把，3.5kg大锤1把，试电笔1支。
（2）材料：黄油适量，棉纱适量。

2. 操作步骤

1）判断方法

（1）示功图法。

示功图是利用动力仪安装在抽油机悬绳器上测得的一条封闭曲线，曲线所围成的面积表示光杆一个冲程深井泵所做的功，用来判断深井泵和地层的工作状况。

常见示功图包括游动阀漏失、固定阀漏失、双阀漏失、油管漏、抽油杆断脱、供液不足影响、气体的影响、油稠影响、结蜡影响、出砂影响等。

在应用示功图时，还必须结合平时油井管理中的资料，如油井产量、动液面、油压、套压、含水变化等，进行综合分析。

（2）井口憋压法。

应用该法的具体操作是：在抽油机运行中关闭回压阀门，然后在井口观察油管压力的变化，从压力上升和下降情况可以分析、判断出井下抽油泵的问题。

①如果上冲程时油压增高，下冲程时油压稍稳定或下降，说明泵工作正常。

②如果油压开始时上升缓慢,十多分钟时间指针在原地摆动或不上,说明泵阀坐封不严,而发生泵漏。

③如果在憋压过程中,随上下冲程指针不动或在上冲程过程中指针下降,该井可能发生杆断脱,并结合其他资料进一步进行核对。

(3) 试泵法。

这种方法是用水泥车往油管中打液体,根据泵压或井口压力变化来判断抽油泵故障:

①在正常生产时即活塞在工作筒内试压,停机后从油管打入液体,若井口压力下降或没有压力,则为游动阀、固定阀严重漏失。若井口压力上升,则游动阀良好。若井口压力和套管压力同时上升,则为油管严重漏失。

②把活塞拔出工作筒,打液试泵,如果没有压力或压力下降,则为固定阀严重漏失。

(4) 井口呼吸观察法。

这种方法用在低压低产井上,它是把井口回压阀门关上,打开放空阀门,用手按住阀门口或在放空口处蒙上张薄纸片,从手的感觉、纸片的活动情况,也就是从观察抽油泵上下"呼吸"情况来判断抽油泵的故障:

①油井不出油且上行时出气、下行时吸气,说明是固定阀严重漏失或进油部分堵塞。

②油井不出油,活塞上行时开始出点气,随后又出现吸气现象,说明主要是游动阀漏失。

③上冲程出气大,下冲程出气很小,这种现象表明抽油泵工作正常,只是油管内液面太低,油液未抽到井口,油井可能是间歇出油。

(5) 电流判断法。

①如果油井发生杆断脱,上行电流就会变小,下行电流就会增加,断脱点距井口越近,上下行电流差距越大,若在井口附近断脱,光杆就会发生不下或缓下现象。

②如果油井发生漏失,上行电流就会减小,下行电流变化不大,漏失越严重,上行电流减小越多。

③如果油井油稠、结蜡或出砂,上行电流就会增加,下行电流就会减小。

2) 故障解决措施

(1) 冲洗循环法(洗井)。

这种方法用于抽油泵阀失灵或蜡卡、泵下进油设备堵塞等原因导致的油井产量明显下降或不出油,不适用于严重漏失的油井。具体措施如下:

①采取反洗井,冲洗液温度在 70~80℃,从套管打入经油管返出,冲洗前先将套气放掉,边抽边洗,排量由小到大,洗井液用量要大于井筒容积的 1.5~2.5 倍。

②如果泵阀漏失严重,反洗井无效时,可将活塞拔出工作筒进行正、反冲洗,正冲洗时注意观察井口油压变化,若发现压力突然上升,产生憋压时立刻停止,然后改为反洗,重新提好防冲距开井即可。

(2) 碰泵法。

碰泵是一种解除抽油泵阀轻微砂卡、蜡卡故障的方法。具体措施如下:

①将驴头停在下死点并在光杆密封盒上用方卡子将光杆卡死,卸去驴头负荷。

②在悬绳器光杆卡子位置处的光杆上做好记号。

③松开悬绳器上方的方卡子,慢松刹车,当上行的悬绳器距标记约大于原防冲距时,重新卡好方卡子。

④使驴头吃上负荷,卸掉井口方卡子,松开刹车开动抽油机,碰泵 3~5 次。

⑤碰泵后重新调好防冲距。
⑥启动抽油机投入生产,检查碰泵效果。

(3)捞杆或捞光杆。

根据示功图计算出断点深度,采用吊车或通井机进行捞杆处理。
根据抽油杆在悬绳器处所形成的负荷和其深度成正比,可得

$$L/L_{断} = h/h_{断} \tag{4-4}$$

对上式移项整理可得计算断脱部位深度的公式为

$$h_{断} = (L_{断} \times h)/L \tag{4-5}$$

式中　L——最小理论负荷线距基线的距离(按计算最小负荷线的方法算出),mm;
　　　$L_{断}$——实测断脱图形上下负荷线的平均中线距基线的距离(从图中量得),mm;
　　　H——抽油杆柱的深度,m;
　　　$h_{断}$——断脱处的深度,m。

式(4-5)的计算结果和实际的断脱部位稍有出入,但基本是符合的。

(4)对扣法。

对扣法适用于光杆或光杆一下抽油杆脱扣的故障。油井不出,如果下放光杆遇阻,说明抽油杆脱扣或接箍断,就可采取对扣措施。需要说明是脱扣还是断裂,需在对扣中判断。如对扣不成功则需下打捞筒打捞或作业检泵。

(5)砂卡解除法。

砂卡在下死点,上紧方卡子,盘抽油机皮带,拔起光杆,从安全的角度考虑,不允许用手盘皮带轮,可考虑用吊车将光杆提起到柱塞脱出工作筒位置。皮带上盘一个冲程,同时进行反洗净(洗井),然后试抽。上下活动,直到运转正常,不行则考虑作业。

砂卡在上死点,将抽油机停在下死点,打上方卡子,卸掉密封盒,光杆拔出并上提一个冲程的长度(考虑光杆下部接箍是否挂井口),开抽上下活动1h,再试着将柱塞放入泵筒,开始试抽。

3. 技术要求

(1)进行故障判断时要尽量取全各项测试资料。
(2)憋压操作时泵压不能超过3MPa。
(3)碰泵操作时碰击次数3~5次。
(4)洗井时液量为井筒容积的1.5~2.5倍。

三、操作安全要求

(1)接触用电设备前先用验电器验电。戴绝缘手套方可接触用电设备。按启、停按钮或拉合闸刀要侧身操作。
(2)打卡子时人要站在平稳的地方,不可站在阀门手轮或丝杠等圆滑的地方。
(3)上下井口或操作时不允许手扶光杆。紧、松方卡子手不得接触卡子。
(4)刹车要刹到位(刹车抱合度≥80%)且刹死死刹,配电柜断电上锁。抽油机不停机情况下,不得进入危险区域进行施工作业。登高操作(高度≥2m)应有安全保护监护人员及相应措施(操作平台或安全带),6级及以上大风不得登高露天作业。

习 题

一、单项选择题

1. 抽油机井结构主要是由( )组成的。
   (A)套管、油管、配水器
   (B)套管、油管、抽油泵、抽油杆、采油树
   (C)套管、油管、配水器、抽油泵
   (D)套管、油管、抽油泵、采油树

2. 抽油机按照结构和工作原理不同可分为游梁式抽油机和( )抽油机。
   (A)链条式   (B)塔架式   (C)无游梁式   (D)液压式

3. 游梁式抽油机最主要的特点是有一个绕支架轴承上下摆动的( )。
   (A)横梁   (B)游梁   (C)连杆   (D)驴头

4. 下述选项中,既不属于抽油机主机部分,又不属于抽油机辅机部分的是( )。
   (A)水泥基础   (B)底座   (C)刹车装置   (D)电路控制装置

5. 下述选项中,不属于抽油机主机部分的是( )。
   (A)悬绳器   (B)底座   (C)刹车装置   (D)电动机

6. 下列对抽油机的工作原理正确叙述是( )。
   (A)电动机供给动力—减速箱连杆—游梁—抽油杆
   (B)电动机供给动力—减速箱—曲柄—游梁—抽油杆
   (C)电动机供给动力—减速箱—曲柄—连杆—游梁—驴头—抽油杆
   (D)电动机供给动力—减速箱—曲柄平衡块—连杆—游梁—驴头—抽油杆

7. 下列对抽油机减速箱的工作作用(原理)正确的叙述是( )。
   (A)减速箱将电动机的高速运动变为抽油机曲柄的高速运动
   (B)减速箱将电动机的高速旋转变为抽油机曲柄的低速运动
   (C)减速箱将电动机的高速旋转变为抽油机曲柄的低速直线运动
   (D)减速箱将电动机的高速直线运动变为抽油机曲柄的低速旋转运动

8. 有杆泵采油是通过地面动力带动抽油机,并借助于( )来带动深井泵采油的一种方法。
   (A)驴头   (B)先瓣子   (C)光杆   (D)抽油杆

9. 有杆泵采油是以( )为主的有杆抽油系统来实现的。
   (A)电动机   (B)减速箱   (C)驴头   (D)三抽设置

10. 某游梁式抽油机型号 CYJ10-3-53HB,表明该机驴头悬点最大负荷为( )。
    (A)10t   (B)3t   (C)53t   (D)5.3t

11. 某游梁式抽油机型号 CYJ10-3-53HB,该机光杆最大冲程为( )。
    (A)10m   (B)5.3m   (C)3m   (D)53m

12. 某游梁式抽油机型号 CYJ10-3-53HB,表明该机减速箱曲柄最大允许扭矩为( )。
    (A)100kN·m   (B)3kN·m   (C)5300kN·m   (D)10kN·m

13. 某游梁式抽油机型号 CYJ10-3-53HB,其中( )表示的平衡方式。
    (A)CYJ   (B)H   (C)HB   (D)B

14. 抽油机例保,是每(　　)进行一次。
    (A)日　　　　　(B)旬　　　　　(C)月　　　　　(D)季度
15. 抽油机一级保养,第(　　)进行一次。
    (A)季度　　　　(B)月　　　　　(C)一年　　　　(D)半年
16. 抽油机一级保养工作应按(　　)作业法进行。
    (A)五字　　　　(B)十字　　　　(C)六字　　　　(D)八字
17. 抽油机一级保养工作的"紧固"是指紧固(　　)。
    (A)皮带　　　　(B)刹车　　　　(C)各部螺栓　　(D)各部销子
18. 抽油机一级保养工作中的"润滑"是指在各(　　)处加注黄油,检查减速箱机油是否足够。
    (A)轴承　　　　(B)连接　　　　(C)活动　　　　(D)密封
19. 抽油机减速箱齿轮在冬季需用(　　)机油润滑。
    (A)20#　　　　　(B)30#　　　　(C)40#　　　　(D)50#
20. 抽油机井示功图的解释不正确的是(　　)。
    (A)驴头悬点载荷与减速箱扭矩的关系　　(B)驴头悬点载荷与井口油压的关系
    (C)减速箱的扭矩与光杆位移的关系　　　(D)驴头悬点载荷与光杆位移的关系
21. 抽油机井启动前应做好的准备工作是(　　)。
    (A)检查井流程、游梁、减速装置及电器有无问题
    (B)检查井口流程、游梁、曲柄、减速装置及电器有无问题
    (C)检查井口流程、抽油机四连杆机构、减速装置、刹车机构及电器有无问题
    (D)检查井口流程、抽油机四连杆机构、减速装置、皮带、刹车机构及电器有无问题
22. 通常抽油机的启动,(　　)就可以合理地启动起来了。
    (A)一次启动　　　　　　　　　　　　(B)二次启动
    (C)三次启动　　　　　　　　　　　　(D)四次起动
23. 二次点启抽油机的操作要点是(　　)再次按下启动按钮。
    (A)第一次按启动按钮后
    (B)第一次按启动按钮后,约5s
    (C)第一次按启动按钮后,约5s按停止按钮,待曲柄不动时
    (D)第一次按启动按钮后,待曲柄刚摆起到约30°时按停止按钮,待曲柄回摆时
24. 负荷较大的抽油机,(　　)的做法不可取。
    (A)在现场三次启动　　　　　　　　　(B)一次启动
    (C)降压启动　　　　　　　　　　　　(D)并联电容器
25. 抽油机井油压和套压每天在井口录取的压力值必须在表的量程(　　)范围内。
    (A)0～1/2　　　(B)1/3～1/2　　(C)1/3～2/3　　(D)0～2/3
26. 抽油机井油压是在(　　)录取的。
    (A)井口套管　　(B)井口油管　　(C)生产管线　　(D)计量间
27. 抽油井电流是由(　　)测试录取的。
    (A)电压表　　　(B)钳型电流表　(C)万用表　　　(D)兆欧表
28. 抽油机井取油样时,通常井口关掺水(　　)后就可进行取样。
    (A)1min　　　　(B)5min　　　　(C)10min　　　 (D)20min

29. 抽油机井在井口取的油样( )。
    (A)可以直接用于计算油井产量
    (B)经化验后,可以用于计算油井产量
    (C)经化验后,再进行对分析,可以用于计算油井产油量
    (D)经化验后,再进行对比分析,可以用于计算油井产液量

30. 是抽油机二级保养内容的是( )。
    (A)换曲柄销   (B)换电机
    (C)减速箱换机油   (D)换连杆

31. 关于抽油机二级保养的叙述,其中( )的说法是错误的。
    (A)尾轴需一年更换一次3#锂基脂
    (B)尾轴需半年更换一次3#锂基脂
    (C)曲柄销子需半年更换一次3#锂基脂
    (D)减速箱冬季需120#极压工业齿轮油

32. 不是抽油机二级保养内容的是( )。
    (A)检查刹车   (B)检查曲柄销黄油
    (C)检查抽油机横向水平   (D)维修减速器

33. 当抽油机运转( ),就要进行二级保养。
    (A)1000h   (B)2000h   (C)3000h   (D)4000h

34. 抽油机井的"四点一线"是指( )四点一线。
    (A)尾轴、游梁、驴头、悬绳器   (B)驴头、悬绳器、光杆、井口
    (C)减速箱大皮带轮与电机轮前后   (D)减速箱大皮带轮与电机轮左右

35. 关于抽油机"四点一线"的叙述,其中( )的说法是错误的。
    (A)减速箱大皮带轮平面与电机轮平面在一个平面上
    (B)减速箱大皮带轮与电机轮前后在一个平面上
    (C)减速箱大皮带轮平面与电机轮前后边缘点在一个平面上
    (D)减速箱大皮带轮前后边缘点与电机轮前后边缘点在一条直线上

36. 关于抽油机"四点一线"的叙述,其中( )的说法是正确的。
    (A)抽油机皮带频繁断肯定"四点一线"
    (B)抽油机皮带跳槽肯定"四点一线"
    (C)抽油机皮带频繁断与"四点一线"有关
    (D)抽油机皮带松与"四点一线"有关

37. 钳型电流表在测量时的有关事项,其中( )是不正确的。
    (A)检查仪表针是否在零位
    (B)注意钳型电流表的电压等级
    (C)可将多根载流导线都夹入钳口测量
    (D)应注意钳型电流表的量程挡位

38. 抽油机井的实际产液量与泵的理论排量的( )叫做泵效。
    (A)乘积   (B)比值   (C)和   (D)差

39. 深井泵理论排量的计算公式是 $Q=KSn$,其中 K 是指( )。
    (A)产出液密度 (B)冲程 (C)冲速 (D)排量系数

40. 深井泵泵效的高低反映了泵性能的好坏及( )的选择是否合适等。
    (A)排量系数   (B)地质因素   (C)抽油参数   (D)设备因素
41. 抽油井生产中,合理控制套管气,泵效会( )。
    (A)提高   (B)波动   (C)降低   (D)不变
42. 一般情况下,抽油井宜选用( ),以减小气体对泵效的影响。
    (A)长冲程和小泵径   (B)长冲程和大泵径
    (C)短冲程和小泵径   (D)短冲程和大泵径
43. 合理选择深井泵和油井工作参数,可以( )泵效。
    (A)稳定   (B)降低   (C)保持   (D)提高

二.判断题(正确的打"√",错误的打"×")

(   )1. 抽油机井结构内肯定有井下抽油泵设备.抽油吸入口(筛管).油管.套管。
(   )2. 抽油机井结构内没有套管。
(   )3. 常规游梁式曲柄平衡抽油机结构没有尾轴。
(   )4. 常规游梁式曲柄平衡抽油机结构肯定有尾轴、中轴、曲柄、横梁、驴头。
(   )5. 抽油机是由主机和底座组成的。
(   )6. 电动机属于抽油机主部分。
(   )7. 抽油机的工作原理是把由电动机供给动力,经减速箱将电机的高速旋转变为抽油机曲柄的低速运动,并由曲柄—连杆—游梁机构将旋转运动变为抽油机驴头的往复运动。
(   )8. 抽油机的工作原理可简述为把电能转换为机械能。
(   )9. 型号 CYJ10-3-37B 中的"10"表示该抽油机悬点最大负荷为 100kN。
(   )10. 型号 CYJ10-3-37B 中的"B"表示该抽油机的平衡方式为曲柄平衡。
(   )11. 抽油机的驴头装在游梁最前端,驴头的弧面半径是以中央轴承座的中心点为圆心,这样保证了抽油时光杆始终对正井口中心。
(   )12. 抽油机的游梁只是承担驴头重量的;游梁可前、后移动调节。
(   )13. 抽油机曲柄上的配重(平衡)块主要是调整抽油机运转平衡的。
(   )14. 抽油机的平衡块只在上冲程时起作用。
(   )15. 抽油机的减速箱通常是为二级减速增扭的。
(   )16. 抽油机减速箱的动力来自平衡块。
(   )17. 抽油机例保也就是由采油工进行的每班或每日进行的检查保养的活动(内容)。
(   )18. 当抽油机运行800h,采油工就要在大班工人或队维修班的协助下进行一级保养作业。
(   )19. 保持抽油机的机身清洁、无油污不是抽油机例保内容。
(   )20. 抽油机一级保养中的"清洗"是指洗净减速箱、刹车片。
(   )21. 检查刹车片磨损情况,并调整其张合度,这属于抽油机一级保养中"调整"的内容。
(   )22. 抽油机减速箱采用飞溅式润滑时,其三个轴承不需要加注润滑剂润滑。
(   )23. 抽油机井抽油参数是指地面抽油机运行时的冲程、冲速、扭矩。
(   )24. 抽油机井抽油参数是指地面抽油机运行时的冲程、冲速、下井泵径。
(   )25. 抽油机井的泵径是指井下抽油泵连接油管截面积的直径。
(   )26. 抽油机井示功图是描绘抽油机井扭矩与光杆位移的关系曲线。
(   )27. 抽油机井示功图有理论示功图与实测示功图之分。

(　　)28.抽油机井的理论示功图是在一定测试条件下测出来的。
(　　)29.电动潜油泵是机械采油中相对排量较大的一种有杆泵采油方式。
(　　)30.抽油机井的开关主要是指生产流程状态,即生产闸门所处的状态与停机。
(　　)31.抽油机井只要停机不管生产闸门所处的状态与否,在地质上都叫关井。
(　　)32.启动抽油机与检查井口流程无关。
(　　)33.启动抽油机操作要点是盘皮带、合开关、松刹车、二次启动。
(　　)34.抽油机停机时在曲柄运转到要停的位置时,按停止按钮并迅速拉(搂)回刹车,刹住。
(　　)35.抽油机井的油压、套压每次录取时可在抽油机井口油、套压表上直接录取(读出)其数值大小,并记录在记录本上。
(　　)36.抽油机井测电流时要选用一块合适且校验合格的钳型电流表上下过程中读取最小值。
(　　)37.测抽油机井上、下冲程电流时,上行过程中读取最大值,下行过程中读取最小值。
(　　)38.抽油机井产量、气油比两项资料的录取实际就是指采油井的量油、测气。
(　　)39.抽油机井量油时,不能测气。
(　　)40.抽油机井量油、测气都是由每回中的若干次平均值计算得出的。
(　　)41.录取抽油机井原油含水样时,可不关掺水。
(　　)42.录取抽油井原油含水样时,可直接用取样桶接取。
(　　)43.安装抽油机皮带时,皮带若同时垂直于减速箱输出轴和电动机轴,这样便达了"四点一线"的要求
(　　)44.抽油机井憋压时两侧套管阀均可开着。
(　　)45.某抽油机井热洗时可通过套管热洗阀打地面循环。
(　　)46.抽油机外抱式刹车的制动力矩比内胀式刹车大。
(　　)47.抽油机井工作原理是:抽油机把电动机输出的机械能,经减速箱及曲柄—连杆—游梁—驴头(四连杆)机构将高速旋转的机械能变为抽油机驴头低速往复运动的力,再通过抽油杆把力传递给深井泵(抽油泵),使其随同驴头的上下往复做抽吸运动,进而不断地把井筒液举升到地面。
(　　)48.抽油机井正常生产流程是指正常生产时井口装置中各闸阀所处的开关状态。
(　　)49.游梁式抽油机型号CYJ10-3-53HB中的CYJ表示游梁式抽油机。
(　　)50.抽油机井有防喷管装置。
(　　)51.普通型游梁式抽油机的支架在驴头和曲柄连杆机构之间。
(　　)52.抽油机下冲程时,游动阀打开,固定阀关闭,液柱载荷通过固定阀作用在油管上,同时作用在悬点上。
(　　)53.抽油机在上冲程时,由于游动阀关闭,液柱载荷作用在活塞上引起悬点载荷增加。
(　　)54.如抽油机减速箱机油过多,在运转过程中会导致油温升高。
(　　)55.抽油机皮带过松易烧断。
(　　)56.抽油机皮带的"四点一线"是指电机轮与减速器轮两端面前后四个点应在一条直线上。

项目五
电动潜油泵井管理

电动潜油泵井是将潜油电动机、保护器、分离器、多级离心泵依次下入井筒内,依靠多级离心泵旋转将井液加压举升到地面。

井下部分主要有多级离心泵、油气分离器、潜油电动机和保护器,地面部分主要有变压器、控制柜和井口,电力传送部分主要有接线盒和电缆,如图5-1、视频18所示。

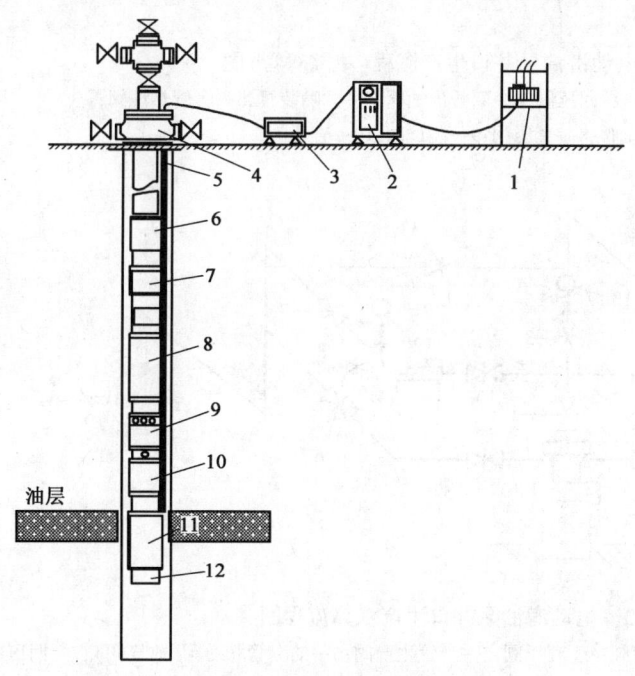

视频18 油然而"升"之电动潜油泵

图5-1 电动潜油泵井示意图
1—变压器;2—控制屏;3—接线盒;4—井口;5—电线;6—卸压阀;7—单流阀;
8—多级离心泵;9—油气分离器;10—保护器;11—潜油电动机;12—测试装置

电动潜油泵井口装置常见有两种形式,一种是单翼流程(图5-2),另一种是双翼流程(图5-3),由于双翼流程能够实现不停泵更换油嘴,可以保护电动潜油泵机组,目前应用最为广泛。

电动潜油泵井正常生产流程是指电动潜油泵井正常生产时井口装置中各闸阀所处的开关状态(图5-4)。此时井口关闭的闸阀有套管热洗阀、直通阀、测试(防喷)阀;半开的阀有套管测试阀、油压阀;全开的阀有生产总阀、生产一次阀、回压阀、双管出油阀。还有对产能起控制调节作用的油嘴。

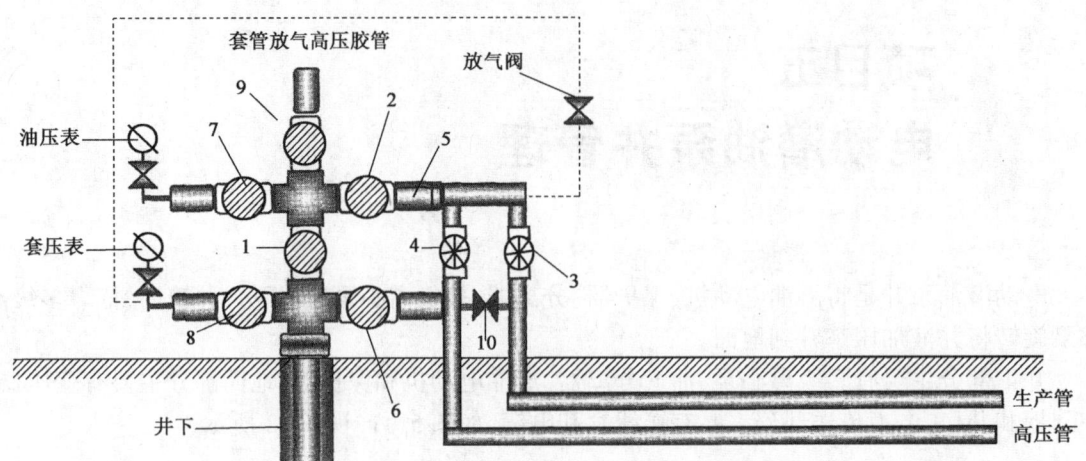

图 5-2 电动潜油泵井口生产流程(单翼双管)图
1—生产总阀;2—生产阀;3—回压阀;4—双管出油阀;5—油嘴装置;6—套管热洗阀;
7—油压阀;8—套压阀;9—测试阀;10—直通阀

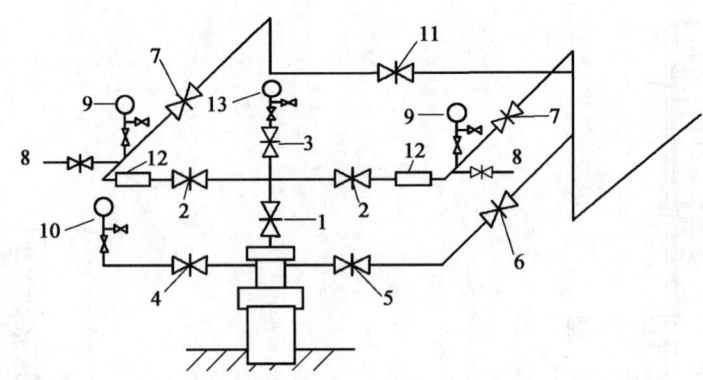

图 5-3 电动潜油泵井口生产双翼流程图
1—生产总阀;2—生产阀;3—测试清蜡阀;4—套压阀;5—套管生产阀;6—油套管联通阀(放气阀);7—回压阀;
8—取样放空阀;9—回压表;10—套压表;11—双翼连通阀;12—油嘴装置;13—油压表

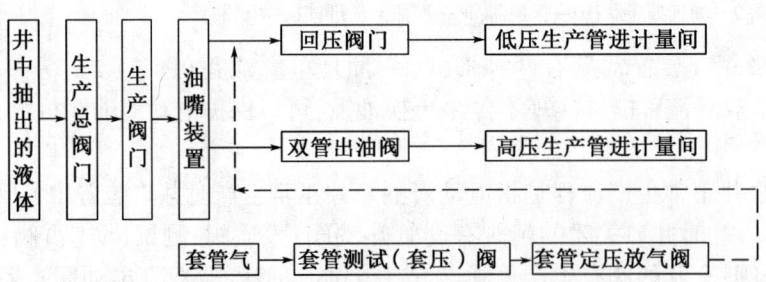

图 5-4 电动潜油泵井正常生产流程示意图

· 96 ·

任务1 启动电动潜油泵井

一、任务描述

启动电动潜油泵井是通过地面控制屏启动井下电动机,带动多级离心泵旋转,将井液举升到井口的一项管理电泵井的基本操作。

二、任务操作

1. 准备工作

(1)工具、用具:600mm 管钳 1 把,F 扳手 1 把,油嘴扳手 1 把,150mm 游标卡尺 1 把,试电笔 1 支,绝缘手套 1 副。

(2)材料:合格油嘴 1 个,安全挂牌,电流卡片 1 张,笔,纸,棉纱。

2. 操作步骤

1)倒通生产流程

(1)井口有加热炉的需提前半小时点火预热,有掺水的提前进行掺水扫线。

(2)检查井口设备设施是否完好,有无渗漏,井口仪器仪表是否完好无损坏。

(3)检查油嘴是否符合生产要求。

(4)关闭取样放空阀门,打开进汇管阀门、回压阀门、井口生产阀门、油压表阀门。

(5)打开套管阀门控制套管气。

2)检查控制屏(图5-5)

(1)用试电笔检查启动柜外壳是否带电,戴绝缘手套侧身合上控制柜总开关。

(2)检查主机电压、控制电压是否符合要求,误差范围是否在±5%以内。

(3)观察指示灯显示状态,黄灯亮,电路正常(若红灯亮,说明电路或机组有故障)。

(4)根据井下机组的额定电流,查看过、欠载整定值的设定是否符合启机要求。

3)启动电动潜油泵井

(1)戴绝缘手套侧身将选择旋钮转到手动位置。

(2)戴绝缘手套侧身按下启动按钮。

4)启动后检查电泵井控制屏

(1)观察录取油压、回压,听出油声音是否正常。新投产的井如果油压低、电流低、出油时间长,需停泵后调整接线盒相序,验证电泵是否反转。套压较高的井,需放掉

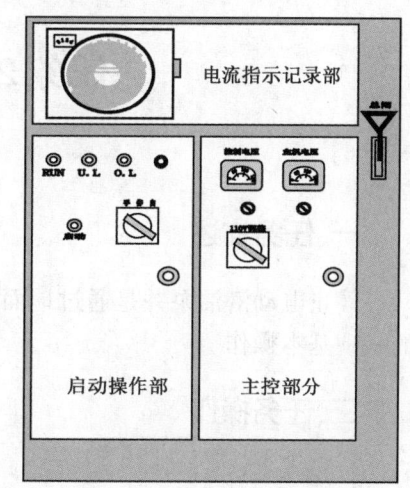

图5-5 电动潜油泵井控制屏

套管气。

(2)检查主机电压、控制电压、运行电流是否正常。

(3)根据正常运行电流,查看过、欠载电流是否符合要求。

5)填写电流卡片

(1)检查电流记录仪是否正常工作,时钟是否需要上弦,笔尖是否正常出水。

(2)安装电流卡片,检查起画时间、日期、井号填写是否正确。

(3)电流卡片上记录开井人姓名、开井时间、主机电压、控制电压、电流、油压。

(4)收拾工具、用具,填写报表。

3.技术要求

(1)主机电压、控制电压在额定电压±5%以内。

(2)欠载电流保护值设定为运行电流的0.8倍,过载电流保护值设定为运行电流的1.2倍。

(3)运行电流不能超过电动机额定电流。

(4)如油压过高,需检查或更换油嘴。

(5)按先开低压再开高压的顺序倒通流程。

(6)如启动后过载,不允许二次启动,由电泵管理人员检查后方可再次启动。

(7)选择开关要旋转至手动位置。

三、操作安全要求

(1)操作过程中规范使用工、用具,避免造成物体打击。

(2)先用试电笔检查控制屏接地无电,再操作电气设备。

(3)倒通流程,避免憋压。

(4)侧身缓慢开关阀门。

(5)戴绝缘手套合闸,按启动按钮。

(6)启动电动潜油电泵时要有安全监护。

任务2 停止电动潜油泵井

一、任务描述

停止电动潜油泵井是通过地面控制屏停止潜油电机转动,并关闭井口阀门切断井液压力的一项基本操作。

二、任务操作

1.准备工作

工具、用具:F扳手1把,试电笔1支,绝缘手套1副。

2. 操作步骤

1) 关井前检查

(1) 井口有加热炉的需控制火势或停炉。

(2) 录取井口油压、套压、回压,检查油嘴过流声音及出油温度是否正常。

(3) 检查、录取主机电压、控制电压、运行电流等生产参数。

2) 停止电动潜油泵

(1) 用试电笔检查启动柜外壳是否带电,戴绝缘手套侧身按下停止按钮。

(2) 将选择开关拨到停止位置,侧身拉下控制屏总闸。

3) 倒停井流程

(1) 侧身依次关闭生产阀门、回压阀门、套管阀门。

(2) 打开取样放空阀门,放净余压后关闭。

(3) 冬季停机应根据情况决定是否采取掺水扫线措施,扫线后应关闭掺水阀门和下游汇管阀门。

4) 填写电流卡片

(1) 电流卡片上填写停机前生产数据:主机电压、控制电压、电流、油压,注明停机原因及时间。

(2) 收拾工、用具,填写报表。

3. 技术要求

(1) 主机电压、控制电压在额定电压 ±5% 以内。

(2) 冬季长时间停机要采取扫线措施。

(3) 按先关高压后关低压的顺序倒流程。

三、操作安全要求

(1) 操作过程中规范使用工具、用具,避免造成物体打击。

(2) 先用试电笔检查控制屏接地无电,再操作电气设备。

(3) 侧身缓慢开关阀门。

(4) 戴绝缘手套侧身按停止按钮、拉总闸。

(5) 人站在上风口打开放空阀门。

(6) 严禁直接拉闸停泵。

(7) 关井时要有安全监护。

任务3 电动潜油泵井巡回检查

一、任务描述

巡回检查要按巡回检查路线进行巡查,通过巡回检查油井的工作参数,检查油井是否正常运行,从而为调整油井工作制度和油井护理措施提供依据,电泵井巡回检查是管理电泵井的一项基本操作。

二、任务操作

1. 准备工作

(1)工具、用具:600mm 管钳 1 把,200mm 活动扳手 1 把,F 扳手 1 把,试电笔 1 支,绝缘手套 1 副。

(2)电流卡片,记录本,笔等。

2. 操作步骤

(1)电动潜油泵井正常情况下每 2 小时严格按照采油站制定的巡回检查路线进行巡回检查一次。

(2)检查电力系统检查井口变压器的跌落开关有无跌落现象,发现后及时汇报。

(3)检查单井管线检查单井管线有无跑、冒、滴、漏现象,发现后及时汇报处理。

(4)检查接线盒检查接线盒的门是否锁好,有无倾倒现象,包扎是否完好。

(5)检查井口设备。

①检查井口设备有无渗漏,流程是否正确。

②观察油压是否正常,并记录油、套、回压。如果油压下降,出油声音微弱,说明供液能力下降,需要更换小直径油嘴。

③听出油声音、检查出油温度是否正常。

(6)检查控制屏。

①观察控制屏指示灯工作状态,绿灯亮——正常运行,黄灯亮——欠载停机,红灯亮——过载停机。

②检查主机电压、控制电压是否正常,误差是否在±5%范围内。

③检查电流记录仪是否正常工作,时钟是否需要上弦,笔尖是否正常出水。

④检查电流卡片上的曲线是否正常,起画时间、日期、井号填写是否正确,曲线是否连续,并按照要求及时更换电流卡片。如果发现电流逐渐升高,需及时汇报,如电流异常超过过载值而未停机,需先停机再汇报。

⑤在电流卡片上记录查井时间、主机电压、控制电压、电流、油压、套压、查井人。

⑥检查接地设施是否齐全完好。

3. 技术要求

(1)发现油压异常升高需打开另一侧流程降压,并检查油嘴是否堵塞。

(2)发现电流升高接近过载值时,应及时停机汇报。

(3)发现电流下降接近欠载值时,应调小油嘴。

(4)发现电泵井过载停机及时汇报,由专业人员处理。

三、操作安全要求

(1)操作过程中规范使用工、用具,避免造成物体打击。

(2)先用试电笔检查控制屏接地无电,再操作电器设备。

(3)戴绝缘手套侧身按停止按钮、拉总闸。

(4)侧身缓慢开关阀门。
(5)阴雨天巡回检查电泵井要远离变压器。

任务4　检查更换电动潜油泵井油嘴

一、任务描述

检查更换电动潜油泵井油嘴是合理控制生产压差,调节油井产量,延长油井生产周期的管理电泵井的一项基本操作。

二、任务操作

1. 准备工作

(1)工具、用具:600mm 管钳1把,油嘴扳手1把,150mm 游标卡尺1把,通针,F扳手1把,试电笔1支,绝缘手套1副,污油桶。

(2)材料:合格油嘴1个,密封带1卷,黄油1袋,笔,纸,擦布等。

2. 操作步骤

1)更换油嘴前检查

(1)录取井口油压,检查油嘴过流声音及出油温度是否正常。

(2)检查并录取主机电压、控制电压、运行电流等生产参数。

2)倒流程

(1)按顺序打开另一侧备用流程的回压阀门和生产阀门。

(2)确认备用生产流程畅通后再关闭生产阀门及回压阀门。

(3)打开放空阀门放净余压。

3)检查更换油嘴(图5-6)

(1)人站在侧面卸掉保温套丝堵。

(2)通针试通油嘴。

(3)用油嘴扳手卸掉原油嘴,清理保温套。

(4)检查、测量新、旧油嘴。

(5)将合格的油嘴螺纹涂好黄油,用油嘴扳手装入保温套内。

(6)将丝堵涂好黄油,装在保温套上拧紧。

4)恢复正常生产流程

(1)关闭放空阀门。

(2)打开原生产一侧的回压阀门和生产阀门。

(3)关闭另一侧的生产阀门和回压阀门。

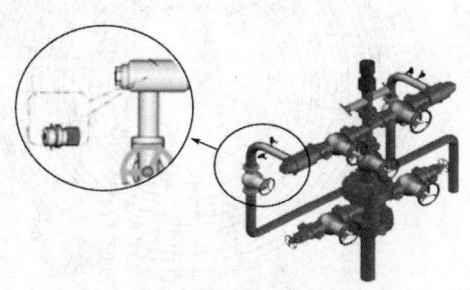

图5-6　电动潜油泵井更换油嘴

(4)听出油声是否正常,录取油、套、回压。

5)填写电流卡片

(1)电流卡片上填写更换油嘴后生产数据主机电压、控制电压、电流、油压,并注明更换原因及时间。

(2)收拾工具,填写报表。

3. 技术要求

(1)用十字法测量油嘴直径,误差不超过 0.1mm。

(2)安装保温套丝堵无渗漏。

(3)按先关高压后关低压的顺序倒更换油嘴流程。

三、操作安全要求

(1)操作过程中规范使用工具、用具,避免造成物体打击。

(2)按先开低压后开高压的顺序倒通侧翼生产流程。

(3)侧身缓慢开关阀门。

(4)操作人员站在上风口打开放空阀门。

(5)放空压力落零后再拆卸保温套丝堵。

(6)作业时要有安全监护。

任务5 更换电动潜油泵井电流卡片

一、任务描述

电动潜油泵井实时运行电流以电流曲线的形式记录在电流卡片(图 5-7、图 5-8)上,定时更换电流卡片是为了及时、准确地记录电泵井电流数据,为电泵井生产动态分析提供第一手资料。因此,更换电流卡片是油井管理中的一项常规操作。

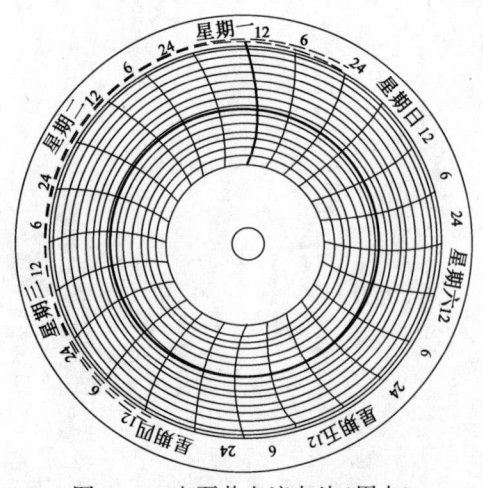

图 5-7 电泵井电流卡片(周卡)

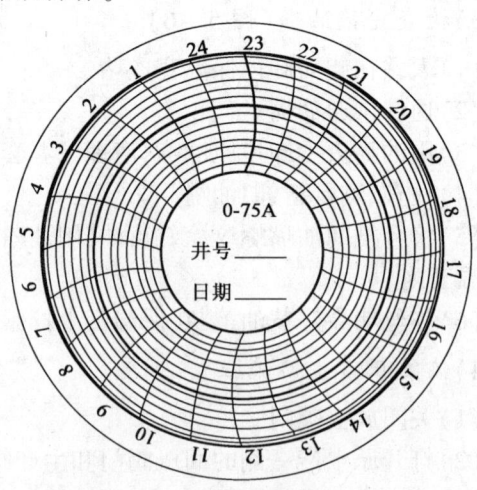

图 5-8 电泵井电流卡片(日卡)

二、任务操作

1. 准备工作

(1)工具、用具:试电笔 1 支,绝缘手套 1 副。

(2)材料:同规格电流卡片 1 张,记录笔,记录纸等。

2. 操作步骤

1)更换前检查

(1)检查井口生产流程是否正确。

(2)录取井口油压、套压、回压,检查油嘴过流声音及出油温度是否正常。

(3)检查并录取主机电压、控制电压、运行电流等生产参数。

2)取出旧电流卡片

(1)打开记录仪门,抬起笔尖,松开卡片卡子。

(2)取下原来的电流卡片,检查划线运行记录情况。

(3)检查笔尖出水情况,将时钟上弦。

3)安装新电流卡片

(1)将新的电流卡片对准时间,压紧卡子,放下笔尖。

(2)观察卡片运行记录情况,使笔尖划线在正常范围内运行。

4)填写电流卡片

(1)按要求在新电流卡片上填写井号、日期、主机电压、控制电压、电流、油压、巡查人姓名等,关好记录仪门。

(2)收拾工、用具,填写报表。

3. 技术要求

(1)新旧电流卡片规格一致。

(2)录取填写 B 项电流。

(3)录取压力要准确,眼睛、表针、刻度线三点一线。

(4)记录笔不出水及时更换。

三、操作安全要求

(1)接触控制柜用试电笔验电。

(2)更换卡片时远离高压控制总闸。

任务 6　调整电动潜油泵井过载、欠载值

一、任务描述

调整电动潜油泵井过载、欠载值是在控制屏 PCC 上设定电动机过载、欠载的保护电流,是电泵管理的一项基本操作。

二、任务操作

1. 准备工作

工具、用具:试电笔1支,绝缘手套1副。

2. 操作步骤

1)电动潜油泵井过、欠载值的设定与调整,一般由管理电动潜油泵的专业人员操作

2)设定过、欠载值前的检查

(1)检查录取井口油压、回压,检查油嘴过流声音及出油温度是否正常。

(2)检查并录取主机电压、控制电压、运行电流等生产参数。

3)过、欠载值的计算方法

(1)过载值 = 保护仪显示三相电流中最高值 ×1.2。

(2)欠载值 = 保护仪显示三相电流中最低值 ×0.8。

4)过载值设定方法

以无锡威龙电子通讯设备厂生产的DBK—003系列电机保护仪(PCC)(图5-9)为例进行说明。

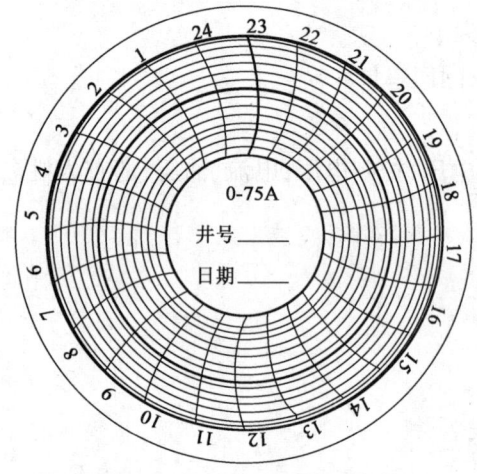

图5-9 电动潜油泵井工作电流

(1)按"上档"键出现"F"字样。

(2)按"过载电流"键——数字2键,此时显示的数值为原设定的过载值。

(3)根据所要设定过载值按相应数字按键,液晶屏显示"d + 相应数值"。

(4)按"上档"键,液晶屏显示"F + 设定数值",再次按"过载电流"键,液晶屏显示"设定数值",表明保护仪正确完成修改。

5)欠载值设定方法

(1)按"上档"键,直至液晶屏出现"F"字样。

(2)按"欠载电流"键——数字0键,此时液晶屏显示的数值为原设定的欠载值。

(3)根据所要设定欠载值按相应数字按键,液晶屏显示"d + 相应数值"。

(4)按"上档"键,液晶屏显示"F + 设定数值",再次按"欠载电流"键,液晶屏显示"设定数值",表明保护仪正确完成修改。

6)恢复液晶屏显示状态

按查看工作电流的方法选择一种参数显示状态。

3. 技术要求

(1)新泵试运时(新开井时)过载电流值为潜油电动机铭牌额定电流的1.2倍,欠载电流值为潜油电动机名牌额定电流的0.8倍。

(2)正常运行后,根据其实际工作电流值再进行重新设定,原则是过载电流为三相电流中最高一相的1.2倍,但最高不能高于额定电流的1.2倍,欠载电流为最低一相的0.8倍,但最低不能低于空载电流值。

三、操作安全要求

（1）接触控制柜用试电笔验电。
（2）调整过载、欠载保护值由专业人员进行操作。

任务7　电动潜油泵井热洗

一、任务描述

电动潜油泵井热洗就是经过清蜡车加热洗井液，并通过油套环形空间泵入井筒内，溶化聚集在油管壁上的石蜡，恢复油井产量，是一项管理电泵井的基本操作。

二、任务操作

1. 准备工作

（1）工具、用具：F扳手1把，600mm管钳1把，300mm活动扳手1把，油嘴扳手1把，洗井车组1套，测温仪1支。
（2）材料：棉纱，记录本，记录笔等。

2. 操作步骤

（1）洗井前录取井口出液温度、油压、电流、产液量等相关数据。
（2）洗井车组停至合适位置，侧身缓慢放掉套管气，将洗井车出口与套管阀门连接，关闭另一侧套管阀门。
（3）用油嘴扳手拆除油嘴或更换大直径油嘴。
（4）启动洗井车组，先小排量灌满井筒环形空间，注意观察泵车压力变化。
（5）缓慢提高洗井压力，当洗井车压力下降说明油管畅通，再点燃锅炉加热洗井液。
（6）缓慢升温洗井液，检查油压、电流上升至正常数值，控制洗井液温度在90℃以下进行大排量冲洗。
（7）停清蜡车组，关套管阀门并拆洗井管线，恢复井场流程。
（8）装回原油嘴生产。
（9）记录洗井过程中油压、电流、洗井压力及洗井排量数据，并做好记录。

3. 技术要求

（1）如套管压力上升快，应及时降低洗井排量。
（2）洗井压力控制在5MPa左右，不能超过10MPa。
（3）对于地层漏失的井，应控制洗井液用量。
（4）热洗液缓慢升温，出口温度控制在90℃以内。
（5）热洗过程中清蜡车不能停泵，要连续热洗。
（6）热洗过程中如发生欠载或过载停机，应在停机半小时后再启动。
（7）更换油嘴时按先开后关的顺序倒通流程阀门。

三、操作安全要求

（1）操作过程中规范使用工、用具，避免造成物体打击。
（2）操作人员站在上风口，缓慢开套管阀门放套管气。
（3）车组管线连接紧固，防止刺漏伤人。
（4）在有安全监护的情况下进行作业。

习　　题

一、单项选择题

1. 电动潜油泵井结构主要是由（　　）组成的。
　　(A) 套管、油管、抽油杆、抽油泵
　　(B) 套管、油管、抽油杆、抽油泵采油树
　　(C) 套管、油管、抽油杆、潜油电动机、抽油泵
　　(D) 套管、油管、多级分离器、潜油电动机、抽油泵、采油树

2. 电动潜油泵井电流卡片是描绘（　　）曲线。
　　(A) 井下机组电流随时间变化的关系　　(B) 井下机组电流与井口产量的关系
　　(C) 井下机组电流与井底流压的关系　　(D) 井下机组扭矩随时间变化的关系

3. 电动潜油泵井电流卡片是装在（　　）。
　　(A) 井口接线盒内　　　　　　　　　　(B) 井下机组保护器内
　　(C) 地面控制屏内　　　　　　　　　　(D) 地面变压器上

4. 对如下图所示的电动潜油泵井电流卡片，错误的叙述是（　　）。
　　(A) 是一张日卡　　　　　　　　　　　(B) 必要时也可当周卡用
　　(C) 电流卡片顺时针运行　　　　　　　(D) 记录笔要放在左侧

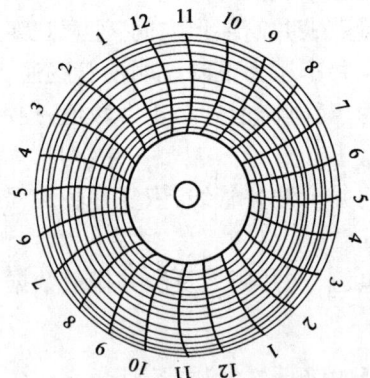

5. 电动潜油泵井在（　　）时，可不必把正常运行的井下机组停下来。
　　(A) 更换双翼油嘴流程　　　　　　　　(B) 测动液面时
　　(C) 供电线路检修　　　　　　　　　　(D) 测静压

6. 电动潜油泵启停操作的选择开关有（　　）个档位。
　　(A) 一　　　　(B) 二　　　　(C) 三　　　　(D) 四

7. 下列有关电动潜油泵井停止操作叙述,其中(　　)的说法是正确的。
   (A)停机后选择开关位于"off"挡位　　(B)停机后选择开关位于"hand"挡位
   (C)选择开关由"off"→"hand"挡位　　(D)停机后选择开关位于"ON"挡位
8. 电动潜油泵井的机组运行指示灯至少要有(　　)个。
   (A)一　　　　(B)二　　　　(C)三　　　　(D)四
9. 电动潜油泵井的机组运行时(　　)是正确的。
   (A)红色的指示灯亮　　　　(B)黄色的指示灯亮
   (C)绿色的指示灯亮　　　　(D)三个指示灯都亮
10. 电动潜油泵井机组保护有(　　)大部分。
    (A)一　　　　(B)二　　　　(C)三　　　　(D)四
11. 电动潜油泵井机组保护主要是通过(　　)来实现的。
    (A)机组电阻　　　　(B)机组电压
    (C)机组电流　　　　(D)机组相序
12. 下列选项中,(　　)不属于电动潜油泵井机组保护的内容。
    (A)机组电阻　　　　(B)机组过载电流
    (C)机组欠载电流　　　　(D)机组相序
13. 电动潜油泵采油工应每天用压力表测量电泵井的(　　)。
    (A)油压和流压　　　　(B)套压和回压
    (C)流压和回压　　　　(D)油压和套压
14. 电动潜油泵井控制屏上的电流卡片反映的是(　　)。
    (A)机组某相工作电流　　　　(B)机组三相工作电流
    (C)机组某相工作电压　　　　(D)机组三相工作电压
15. 电动潜油泵井从控制屏上录取的资料是(　　)。
    (A)电流　　　(B)油压　　　(C)静压　　　(D)流压
16. 电动潜油泵井记录仪电流与实际电流不符,其原因可能是(　　)。
    (A)控制电压太低　　　　(B)笔尖连杆松动、移位
    (C)电泵反转　　　　(D)缺相运转
17. 电动潜油泵装置中,(　　)是可以自动保护过载或欠载的设备。
    (A)控制屏　　　(B)接线盒　　　(C)保护器　　　(D)变压器
18. 在更换或检查电动潜油泵井油嘴时,可以不关的阀门是(　　)。
    (A)生产阀门　　　　(B)回压阀门
    (C)生产总阀门　　　　(D)取样阀门
19. 电动潜油泵井生产时,(　　),否则泵可能抽空而导致欠载停机。
    (A)油压不易过高　　　　(B)套压不易过高
    (C)油压不易过低　　　　(D)套压不易过低
20. 电动潜油泵井采油特点的叙述,其中(　　)的说法是不正确的。
    (A)电动潜油泵井采油和抽油机井采油在原理上基本是相同的
    (B)电动潜油泵井采油对斜井、超深井均适用
    (C)电动潜油泵井采油时不能降低井底压力
    (D)电动潜油泵井采油是一种人工举升采油的方法

21. 在安装电动潜油泵井的电流卡片时,要在相应的位置填写上(　　)。
    (A)井号、安装日期、机组工作电压
    (B)井号、安装日期、机组额定电流
    (C)井号、安装日期、机组额定电流、过载保护电流、欠载保护电流
    (D)井号、安装日期、机组额定电流、油套压、产液量
22. 在电动潜油泵井的电流卡片常见的有(　　)两种规格。
    (A)10A;45A   (B)45A;90A
    (C)75A;100A   (D)150A;200A
23. 电动潜油泵在空载情况下启动时,(　　)可起保护作用。
    (A)保护器   (B)分离器   (C)单流阀   (D)泄油阀
24. 电动潜油泵井作业起泵时,将(　　)切断,使油、套管连通,油管内的液体就流回井筒。
    (A)泄油阀   (B)单流阀   (C)分离器   (D)泄油阀芯
25. 电动潜油泵井控制屏绿灯亮,说明电泵(　　)。
    (A)正常运转   (B)欠载停机   (C)过载停机   (D)报警
26. 电动潜油泵井在正常运转30min后,确定欠载值,其值一般为工作电流的(　　)。
    (A)100%   (B)90%   (C)80%   (D)70%
27. 电动潜油泵井在启动投产前必须确定过载值,其值一般为电机的额定电流的(　　)。
    (A)120%   (B)100%   (C)130%   (D)110%
28. 电动潜油泵井控制屏红灯亮,说明电泵(　　)。
    (A)报警   (B)正常运转   (C)欠载停机   (D)过载停机
29. 电动潜油泵井控制屏黄灯亮,说明电泵(　　)。
    (A)正常运转   (B)欠载停机   (C)报警   (D)过载停机
30. 电动潜油泵井电源电路保护有(　　)电压、短路、延时等。
    (A)相序   (B)欠载   (C)过载   (D)电阻
31. 在更换或检查电动潜油泵井油嘴时,不可缺少的工具是(　　)。
    (A)钢锯   (B)手锤   (C)梅花扳手   (D)游标卡尺
32. 在更换或检查电动潜油泵井油嘴时生产阀门应(　　)。
    (A)打开   (B)关闭   (C)微开   (D)卸开

二、判断题(正确的打"√",错误的打"×")
(　　)1. 电动潜油泵井结构有:采油树、油管、套管、潜油电动机、多级离心泵、分离器等。
(　　)2. 电动潜油泵井结构没有油管,而有潜油电动机、多级离心泵、分离器等。
(　　)3. 电动潜油泵是机械采油中相对排量较大的一种有杆泵采油方式。
(　　)4. 多级离心泵、潜油电动机、保护器等是电动潜油泵井下必不可少的装置。
(　　)5. 电动潜油泵井地面装置主要有变压器、控制屏、分离器、接线盒等。
(　　)6. 电动潜油泵井的电流卡片是反映机组电压与潜油电机的电流变化关系的曲线。
(　　)7. 电动潜油泵井的电流卡片有日卡片、月卡片之分。
(　　)8. 电动潜油泵井的开关是指井口流程所处的状态,开井时生产总闸门、生产闸门必须打开。
(　　)9. 电动潜油泵井的开关是指控制屏是否启动运行,与井口流程所处的状态无关。

(   )10. 电动潜油泵启动运行时绿色灯亮。
(   )11. 启动电动潜泵时,首先把控制部分的选择开关由停止(off)位置拨到手动位置(hand),此时欠载灯(黄色的)应亮。
(   )12. 电动潜油泵的停止操作要点是按动停止按钮即可。
(   )13. 电动潜油泵控制屏启动开关通常有三个档位。
(   )14. 电动潜油泵机组保护是指在启动、停止运行泵操作过程中,保证机组安全而采取的技术保障。
(   )15. 电动潜油泵机组保护只有地面控制保护部分。
(   )16. 电动潜油泵井机组的工作电流是在井口地面控制屏内的电流卡片上直接录取的。
(   )17. 电动潜油泵井机组的工作电流是在井口地面接线盒上测试录取的。
(   )18. 电动潜油泵井的过载值和欠载值的设定主要保证机组正常运行。
(   )19. 电动潜油泵过载值的设定为最高工作电流的1.2倍。
(   )20. 电动潜油泵井的生产动态分析被采油人在生产实践中总结出一种有效分析方法,即电动潜油泵井动态控制图。
(   )21. 电动潜油泵井控制图中有5条界限、5个区域。
(   )22. 电动潜油泵井动态控制图中的参数偏大区是指该区域的井流压较低、泵效低,即供液能力不足,抽吸参数过大。
(   )23. 电动潜油泵井气体影响严重时,易出现过载停机。
(   )24. 电动潜油泵井故障停机后允许二次启动。
(   )25. 电动潜油泵井在运行中常出现的停机现象有过载停机、欠载停机、人为停机、设备损坏或事故停机等。
(   )26. 电动潜油泵井电流卡片在装卡片时,就要在相应的位置填写上井号、安装日期,在卡片背面标注机组额定电流、过载保护电流、欠载保护电流等。
(   )27. 电动潜油泵井采油原理是地面电能通过电缆传递给井下潜油电动机,潜油电动机再把电能转换为机械能带动多级离心泵,把井内液体加压通过油管经采油树举升到地面。
(   )28. 电动潜油泵井电流卡片在装好卡片以后的一周里,每天都要检查记录卡片上反映的电流运行情况和大小,如果有停机等原因就要及时在卡片相应的位置上标注清楚。
(   )29. 电动潜油电泵装置中,控制屏是可以自动保护过载或欠载的设备。
(   )30. 电动潜油电泵装置的地面部分主要由控制屏和接线盒两大件组成。
(   )31. 检查更换电动潜油泵井油嘴是改变、调控油井工作制度及产量的操作技能。
(   )32. 检查更换电动潜油泵井油嘴时,在放完空及堵头卸掉后,卸油嘴操作要点是:用专用油嘴扳手轻轻插进油嘴装置内,确认对准油嘴双耳,然后用力逆时针方向卸扣,油嘴就被卸掉,并随油嘴扳手一起取出来。
(   )33. 检查更换电动潜油泵井油嘴时,应准备好指定更换的油嘴1个,卷尺1把,油嘴专用扳手1把,450mm管钳1把,375mm活动扳手1把,放空桶(污油桶)1个。
(   )34. 泄油阀主要是便于电动潜油泵井把井液举出地面。
(   )35. 电动潜油泵是靠单流阀来保证在空载情况下能够顺利启动的,在停泵时可以防止油管内液体倒流而导致电动潜油泵反转。

三、简答题

1. 电动潜油泵的控制屏是电动潜油泵机组的专用控制设备,其功能是什么?
2. 电动潜油泵井为何要设定过载值和欠载值?设定原则是什么?
3. 电动潜油泵井产量逐渐下降的原因有哪些?
4. 电动潜油泵井欠载停机的原因有哪些?
5. 电动潜油泵井机组运行时电流值偏高的原因有哪些?

项目六
螺杆泵井管理

螺杆泵是一种容积式泵,它运动部件少,没有阀件和复杂的流道,油流扰动小,排量均匀。由于缸体转子在定子橡胶衬套内表面运动带有滚动和滑动的性质,使油液中砂粒不易沉积,同时转子—定子间容积均匀变化而产生的抽吸、推挤作用使油气混输效果良好,在开采高黏度、高含砂和含气量较大的原油时,同其他采油方式相比具有独特的优点(视频19)。

螺杆泵采油系统按驱动方式可划分为地面驱动和井下驱动两大类,而地面驱动又可分为皮带传动(图6-1、图6-2)和直接传动两种形式,井下驱动也可分为电驱动和液压驱动两种形式(图6-3)。在整个螺杆泵采油系统中,地面驱动发展较早、也较成熟,本书主要是以地面驱动螺杆泵为例加以阐述。

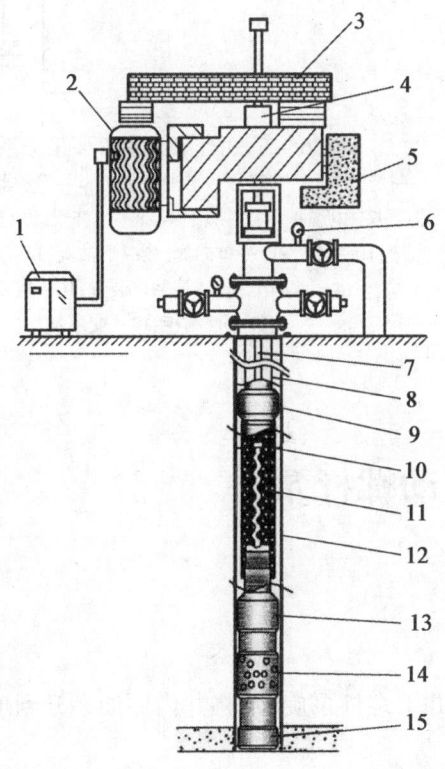

视频19 采油利器——螺杆泵

图6-1 螺杆泵采油示意图

1—启动柜;2—电动机;3—皮带;4—方卡子;5—平衡重;6—压力表;7—抽油杆;8—油管;9—扶正器;10—动液面;11—螺杆泵;12—套管;13—防转锚;14—筛管;15—丝堵

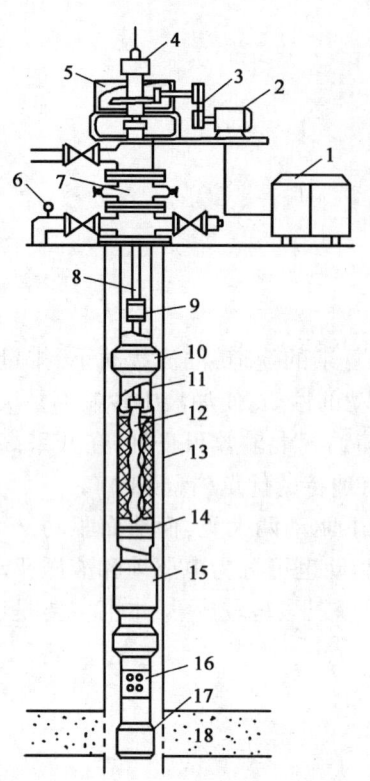 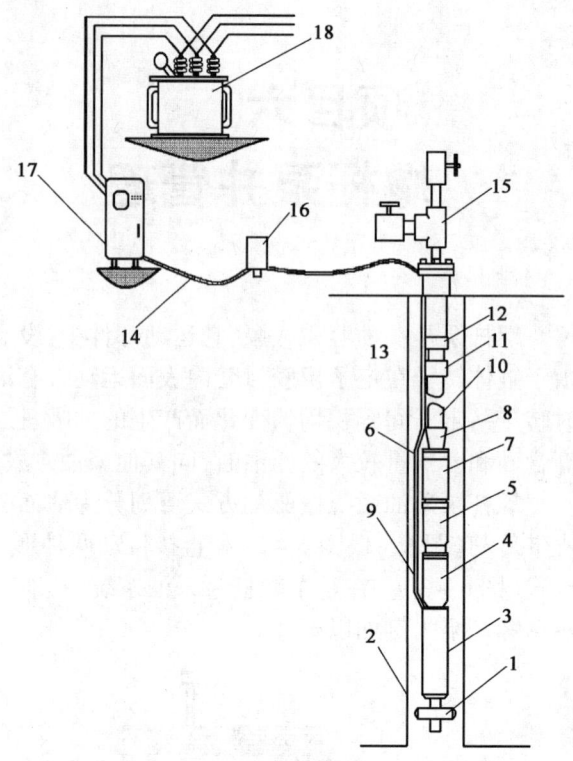

图6-2 地面驱动螺杆泵采油示意图
1—电控箱;2—电动机;3—皮带;4—方卡子;5—减速箱;
6—压力表;7—专用井口;8—抽油杆;9—抽油杆扶正器;
10—油管扶正器;11—油管;12—螺杆泵;13—套管;
14—定位销;15—油管防脱器;16—筛管;
17—丝堵;18—油层

图6-3 井下驱动螺杆泵采油系统
1—扶正器;2—套管;3—潜油电动机;4—保护器;5—潜油减速器;6—电缆护罩;7—螺杆泵;8—螺杆泵排出头;9—引接电缆;10—油管;11—单向阀;12—泄油阀;13—动力电缆;14—地面电缆;15—井口装置;16—接线盒;17—控制柜;18—变压器

任务1 启动螺杆泵井

一、任务描述

启动螺杆泵井是通过启动地面设备,带动井下螺杆泵旋转,将井内原油举升到地面的一项基本操作。

二、任务操作

1. 准备工作

工具、用具:600mm 管钳1把,扳手1把,试电笔1支,绝缘手套1副,记录笔1支,记录纸等。

2. 操作步骤

1)检查工艺流程

(1)检查井口设备设施是否完好,有无渗漏,井口仪器仪表完好无损坏(图6-4)。

(2)关闭取样放空阀门,打开"T"接点阀门、回压阀门、井口生产阀门、压力表控制阀门。

(3)有加热炉的提前2h预热加热炉,有掺水的提前半小时倒通流程掺水。

2)检查地面设备

(1)检查皮带松紧是否合适。

(2)检查驱动头护罩和电动机皮带护罩完好紧固。

(3)盘车检查防反转装置是否灵活可靠。

(4)检查减速箱齿轮油位应在1/2~2/3处,箱体无渗漏。

(5)检查井口阻杆封井器,应处于开启状态,且两边手轮的开启圈数应一致。

(6)检查井口密封是否完好。

(7)检查光杆卡子及法兰盘螺栓等部件是否紧固。

图6-4 螺杆泵井井口装置

3)检查电器设备

(1)检查电控箱、电动机完好。

(2)检查接地装置完好。

4)启动螺杆泵井

(1)检查螺杆泵周围无障碍物。

(2)用试电笔检查配电箱外壳无电,解锁,戴绝缘手套,侧身合闸送电。

(3)检查电压正常,按启动按钮启动螺杆泵。

5)检查设备运行情况

(1)检查螺杆泵运转方向正确。

(2)检查驱动装置是否有异响。

(3)检查电机电流是否正常、平稳。

(4)若电流或地面设备振动过大,应立即停机查明原因,整改之后方可再启动。

6)检查油井生产情况

(1)检查井口油压、掺水压力是否正常,油井是否正常出液。

(2)观察盘根无渗漏。

(3)若电流或地面设备振动过大,要立即停机查明原因,整改之后方可再启动。

(4)收拾工具,清理现场,填写报表。

3. 技术要求

(1)皮带紧固后,在皮带中间用手按压皮带,变形量小于6.0mm,此时的张紧力为合适。

(2)检查防反转装置是否灵活可靠。可用管钳逆时针旋转光杆(俯视),如转不动,则表明防反转装置工作可靠。

(3)减速箱中的齿轮油位为箱体油标处 1/2~2/3 处为宜。
(4)螺杆泵机组运转正常 5min 后方可离开。

三、操作安全要求

(1)接触电器设备前先用试电笔验电,戴绝缘手套侧身操作电器设备。
(2)操作过程中规范使用工、用具,避免造成物体打击。
(3)侧身缓慢开关阀门。
(4)井口旋转部位防护装置齐全完好。
(5)正确倒流程并确认。

任务 2 停止螺杆泵井

一、任务描述

停止螺杆泵井是通过停止地面设备运行,倒流程切断管道内压力来源,是管理电泵井的基本操作。

二、任务操作

1. 准备工作

工具、用具:600mm 管钳 1 把,F 扳手 1 把,试电笔 1 支,绝缘手套 1 副,停运牌 1 块,记录本 1 本,记录笔 1 支。

2. 操作步骤

1)检查油井生产情况

(1)检查井口油压、套压、回压是否正常并做好记录。
(2)检查井口流程有无渗漏,阀门开关是否正确。
(3)检查密封盒有无渗漏。

2)检查螺杆泵运转情况

(1)观察螺杆泵各连接部位和紧固件有无松动迹象。
(2)听螺杆泵运转声音是否正常,有无碰挂声音。
(3)检查电动机外壳温度是否符合要求。

3)停止螺杆泵

(1)用试电笔检测配电箱外壳无电,打开配电箱门,戴绝缘手套按停止按钮。
(2)侧身拉闸断电,关好电控柜门,记录停井时间。
(3)待光杆静止后,关闭螺杆泵防倒转锁紧装置。

4)倒井口流程

(1)侧身关闭井口生产阀门和回压阀门。
(2)冬季关井要掺水循环,无掺水的井关井 2h 以上必须扫线。

(3)春、夏、秋季关井三个月以上的井要用压风机扫管线,长停井要组织回收电器、地面装置和井口有关设施。

(4)稠油井停抽时间较长,应倒通地下掺水。

(5)记录停井时间和原因,上锁挂牌。

3. 技术要求

(1)如果防反转装置失效,抽油杆柱高速反转,应立即关闭生产阀门,以延缓杆柱的反转速度。

(2)如果是井下杆柱问题,待修停机要关闭生产阀门,冬季要保证井口保温的正常工作。

(3)如果是故障停机,若问题没有处理完,要挂停机警示牌,防止其他人误操作。

三、操作安全要求

(1)现场停机后处理问题时要拉下电控箱总闸刀。

(2)按电控箱上的停机按钮,待光杆安全停止转动时,方可到井口进行各项作业。

(3)接触电器设备前先用试电笔验电,戴绝缘手套侧身操作电器设备。

(4)操作过程中规范使用工、用具,避免造成物体打击。

(5)侧身缓慢开关阀门。

任务3 螺杆泵井巡回检查

一、任务描述

螺杆泵井巡回检查主要是检查井口设备运行是否正常,录取油井生产参数,为分析油井生产情况提供依据,是管理螺杆泵井的一项基本操作。

二、任务操作

1. 准备工作

工具、用具:250mm活动扳手1把,F扳手1把,试电笔1支,绝缘手套1副,记录本、记录笔。

2. 操作步骤

1)检查井口设施并录取生产数据

(1)检查流程是否正确,井口有无渗漏。

(2)观察油压是否稳定,并记录油压、套压、回压。

(3)检查光杆密封装置有无渗漏。

(4)录取掺水压力和温度并做好记录。

2)检查井口设备运行情况

(1)检查设备有无缺损、松动、渗漏现象。

(2)检查井口密封不渗不漏。

(3) 检查安全防护罩是否完好。
(4) 观察防脱卡子与光杆卡子之间距离大于 50mm。
(5) 观察皮带的松紧是否正常。
(6) 检查减速箱有无异响。
(7) 检查减速箱箱体是否渗漏,温度是否低于 50℃。
(8) 检查减速箱油位是否在看窗之间。
(9) 检查防反转装置是否灵活好用。

3) 检查电器设备、设施

(1) 检查电动机运行有无异常响声。
(2) 检查电动机外壳温度是否低于 60℃。
(3) 检查电机接地线是否牢固。
(4) 填写巡检记录和报表。

3. 技术要求

(1) 录取压力值要在压力表量程 1/3~2/3 之间。
(2) 检查井口掺水是否正常,冲洗掺水管线,控制回油温度在 35~38℃ 之间(特殊井特殊对待)。
(3) 螺杆泵运行电流不能超过过载保护电流值。
(4) 皮带松紧合适,不打滑、不冒烟。
(5) 减速箱油位应在看窗的 1/2~2/3 之间,箱体温度不高于 50℃ 为正常。

三、操作安全要求

(1) 检查驱动装置是否有异常响声及渗漏。
(2) 观测运转电流是否正常,是否平稳。
(3) 若电流或地面设备振动过大,要立即停机查明原因,整改之后方可再启动。
(4) 检查井场是否平整、无油污、无杂草,埋地管线有无裸露、渗漏。

习　题

一、单项选择题

1. 电动螺杆泵井井下泵部分主要由抽油杆、(　　)接头、转子、接箍定子尾管等组成。
   (A) 导向头和油管　　　　　　　　(B) 井下螺杆泵
   (C) 防蜡器　　　　　　　　　　　(D) 光杆扶正器

2. 有关电动螺杆泵井生产管理的叙述,其中(　　)的叙述是不正确的。
   (A) 泵转速可调　　　　　　　　　(B) 转动方向可调
   (C) 洗井时温度不能过高　　　　　(D) 洗井时排量不能过大

3. 电动螺杆泵井地面驱动部分包括减速箱、(　　)电机、盘根盒、支撑架等。
   (A) 方卡子　　　　　　　　　　　(B) 螺杆泵
   (C) 防蜡器　　　　　　　　　　　(D) 光杆扶正器

4. 有关电动螺杆泵井优点的叙述,其中( )的叙述是不正确的。
   (A)地面装置结构简单,安装方便　　(B)泵效高,排量大
   (C)适应性强,可举升稠油　　　　　(D)适应高砂量、高含气井

5. 电动螺杆泵的使用优点是( )。
   (A)地面装置负载大　　　　　　　(B)泵效高,排量大
   (C)泵的使用寿命长　　　　　　　(D)适应高砂量、高含气井

6. 电动螺杆泵洗井时( )。
   (A)温度不能过高、排量不能过大　　(B)温度不限、排量能过大
   (C)温度不能过高、排量不限　　　　(D)温度、排量均不限

7. 为了防止电动螺杆泵在采油时因有蜡堵、卡泵、停机后油管内液体回流、杆柱反转等,必须采取( )技术。
   (A)管柱防脱　　(B)杆柱防脱　　(C)扶正　　(D)抽空保护

8. 为了使电动螺杆泵在采油时减少或消除定子的振动,必须采取( )技术。
   (A)管柱防脱　　(B)杆柱防脱　　(C)扶正　　(D)抽空保护

9. 为了防止电动螺杆泵在采油时,上部的正扣油管倒扣,造成管柱脱扣,必须采取( )技术。
   (A)管柱防脱　　(B)杆柱防脱　　(C)扶正　　(D)抽空保护

10. 根据生产常见的故障而总结出的螺杆泵井泵况诊断技术主要有( )种方法。
    (A)一　　(B)二　　(C)三　　(D)四

11. 根据生产常见的故障而总结出的螺杆泵井泵况诊断技术主要有电流法和( )。
    (A)载荷法　　(B)测压法　　(C)憋压法　　(D)量油法

二、判断题(对打"√",错打"×")

( )1. 目前电动螺杆泵采油井配套技术主要有井下管柱保护技术、机组运行保护技术。

( )2. 电动螺杆泵井杆脱主要原因有蜡堵、卡泵、停机后油管内液体回流、杆柱反转等,所以必须实施锚定工具防脱技术。

( )3. 螺杆泵井泵况诊断技术主要是根据常见的故障现象而总结出来的诊断方法,常用的有:电流法、憋压法两种。

( )4. 如果某螺杆泵井机组工作电流接近电机空载电流,井口无产量(排量)、油套也不连通,那么该井结蜡严重。

( )5. 如果某螺杆泵井泵无排量,井口憋压时油压不升,那么该井抽油杆断脱了。

( )6. 电动螺杆泵的地面驱动部分包括减速箱、皮带传动、电机、密封填料盒、支撑架、方卡子等。

( )7. 电动螺杆泵井采油原理是地面电机把电能转换为机械能并通过皮带带动减速装置来启动光杆,进而把动力再通过光杆传递给井下螺杆泵转子,使其旋转给井筒液加压举升到地面。

( )8. 电动螺杆泵的优点一是节省一次投资;二是地面装置结构简单,安装方便;三是泵效高,节能,管理费用低;四是适应性强,可举升稠油;五是适应高砂量、高含气井。

( )9. 在螺杆泵采油井的管理中,洗井时温度虽然不能过高,但排量可以大一些保证洗井质量。

项目七 注水井管理

油田注水是油田开发中后期地层补充能量的重要手段,成本低,易管理,效果明显,向地层注水是使油井保持长期稳产、增产的一项有效措施。因此,管好注水井是油田注好水、注够水的关键环节。注水油田注水过程中会出现不正常现象,要进行分析判断,找出产生异常的原因,采取有效措施保证注水井完成配注。

注水井常见井口生产装置流程如图7-1所示。

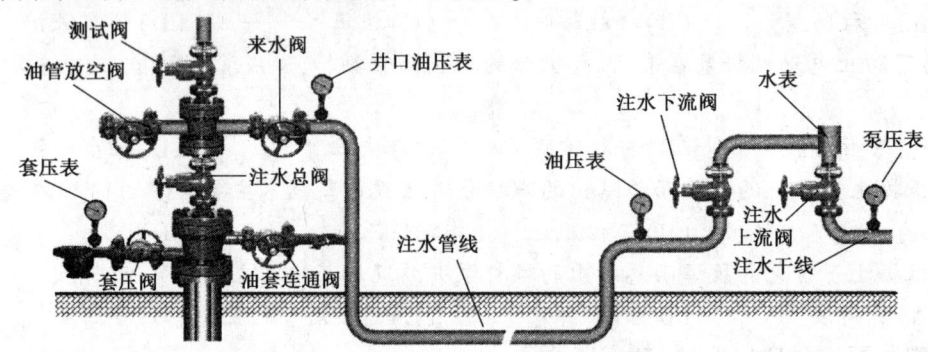

图7-1 注水井常见井口生产装置流程

任务1 注水井开井

一、任务描述

注水井开井操作是按地质部门配注要求执行配注的一项基本操作,是水井管理与维护中的一项常规操作。

二、任务操作

1. 准备工作

工具、用具:600mm管钳1把。

2. 操作步骤

1) 开井前的检查工作

(1) 检查采油树各部位配件是否齐全,管线阀门、法兰是否漏水,冬季应检查管线、井口有无冻结现象。

(2)检查水表、压力表齐全完好,在有效期内。

(3)新投注的井,第一次开井要对系统管线进行试压(一般为设计压力的1.25倍),试压合格方能开井。

(4)新投注的井,第一次开井还要检查有无脏物,一般应用压风机扫线,吹除新管线内的脏物(或关井超过24h以上开井时也要冲洗地面管线)。

(5)试开关各工艺流程上的各阀门是否灵活好用。

(6)与所属注水站联系,取得同意后方可开井。

2)倒流程

(1)检查总阀门是否灵活好用。

(2)平稳操作,缓慢打开配水间分水器上流阀门。

(3)缓慢开下流阀门,观察压力波动情况,压力平稳后全开下流阀门。

(4)注意水表的转速变化,按配注水量要求调整水量。

(5)开水表下流控制阀门,控制油管水量,调好水表格数。

(6)水量平稳后,沿管线检查,检查管线有无渗漏。

(7)录取油压、套压。

(8)将油压、套压、开井时间、水量等填入报表。

3. 技术要求

(1)使用水表注水时,应用水表下流阀门控制,不准控制水表上流阀门。

(2)开井要平稳,以免打坏水表。

(3)整个开井过程,配水间压力波动应小于0.2MPa。

(4)同位素测完15天内不准放溢流、洗井、吐水、测试调配、作业等。

三、操作安全及要求

(1)开、关阀门要侧身,以防伤人。

(2)检查各阀门、管线及连接部分无渗漏。

任务2 注水井关井

一、任务描述

注水井关井操作是将注水井的井口注水(来水)阀门或配水间注水阀门关死,停止向地下注水的一项操作。

二、任务操作

1. 准备工作

工具、用具:F扳手1把,200mm活动扳手1把,375mm活动扳手1把,手表,擦布,笔,记录本。

2. 任务操作

(1)检查井口设备齐全完好,各阀门、管线及连接部位无渗漏,录取油压、套压。

(2)打开配水间门窗通风,检查设备齐全完好,流程正确,各阀门、管线及连接部位无渗漏,平稳关闭配水间上、下流阀门,录取泵压及水表底数,挂关井警示牌。

(3)正注井在井口关井时,关闭油管阀门、总阀门。

(4)分注井先关套管阀门再关油管阀门。

(5)挂井口关井警示牌,记录注水井关井时间。

(6)收拾工具,清理现场,填写报表。

3. 技术要求

(1)多井或成排注水井关井,应先关高压井,后关低压井。

(2)注水井酸化、压裂前关井,要紧固井口螺栓,确保施工时不渗不漏。

(3)冬季注水井关井,需用压风车扫地面管线,井口做好防冻措施,短期关井,井口应放溢流。

三、操作安全及要求

(1)平稳操作,防止高压伤人。

(2)设备设施定期保养检修,开关阀门要侧身。

任务3 注水井巡回检查

一、任务描述

注水井巡回检查主要是检查注水井工作状况是否正常的一项操作。巡回检查要按检查路线定时检查,保障注水井正常生产。

二、任务操作

1. 准备工作

工具、用具:F扳手1把,375mm活动扳手1把,擦布,记录笔,班报表,计时器。

2. 操作步骤

(1)检查流程,检查井口流程及设备完好状况。

(2)检查采油树各阀门开关情况,要求齐全可靠。

(3)检查井口各连接处有无渗漏现象。

(4)录取资料。

①记录检查时间、水表底数。

②测瞬时水量。

③录取泵压、油压、套压。泵压、油压每日录取1次,套压每月录取1次。

(5)调整水量:
①计算当日注水量(日注水量＝本班水表底数－上班水表底数)。
②根据配注方案,确定当日注水是超注还是欠注。
③计算预调整瞬时水量(瞬时水量＝日注水量/24)。
④调整注水量,调大注水量时要注意观察油压,不能超过允许注水压力。
(6)检查该注水井的单井管线是否有穿孔漏水现象,配水间各阀门有无渗漏现象。检查配水间管线及各连接处有无穿孔或渗漏处。
(7)清理现场收拾擦拭工具、用具,并摆放整齐。
(8)将有关数据填入班报表。

3. 技术要求

(1)采油树和配水间各部位无渗漏、无腐蚀。
(2)注水量按配注要求进行调整。
(3)按时录取各项资料,并要求齐全准确。

三、操作安全及要求

(1)开关阀门要侧身操作,防止高压水刺漏伤人。
(2)开关阀门操作,严禁手臂过丝杠。

任务4 注水井注水量调整

一、任务描述

注水井注水量调整操作是在注水井没有按配注要求进行注水或生产需要对注水量进行调整时要进行的一项操作。通过注水量调整达到注好水、注够水的要求。

二、任务操作

1. 准备工作

工具、用具:秒表1块、计算器1个、纸、记录笔、F扳手1把

2. 操作步骤

(1)检查注水井各个阀门的开关状态是否正常。
(2)检查注水井指示牌有关数据,包括配注量、注水方式、注水压力。
(3)根据本井的配注量换算出瞬时水量。
(4)检查压力表是否完好,压力值是否在正常范围内。
(5)将日注水量和配注量进行对比,用秒表测量实际瞬时水量。
(6)将实际瞬时水量与配注瞬时水量进行对比。
(7)判断、确定控制阀门调整方向,如实际瞬时水量大于配注量,则关小控制阀门,如实际

瞬时水量小于配注量,则开大控制阀门。

(8)侧身缓慢关小或开大下流控制阀门调整水量。

(9)测量调后瞬时水量,同时计算出调后的日注水量,看是否满足注入要求。

(10)收拾工具,清理现场,填写报表。

3. 技术要求

(1)采油树和配水间各部位无渗漏、无腐蚀。

(2)注水量按配注要求进行调整。

(3)按时录取各项资料,并要求齐全准确。

三、操作安全及要求

(1)开阀门必须站在侧面操作,以防伤人。

(2)检查各阀门、管线及连接部分无渗漏。

任务5 注水井正注倒反洗

一、任务描述

注水井反洗井是由于注入水介质变化、水井结垢等影响注水井注水时,对注水井管理所进行的一项操作。注水井反洗井的目的是清除井筒、井底及注水层渗流表面污物,确保水井完成生产配注。

二、任务操作

1. 准备工作

工具、用具:F扳手,细纱布若干,记录笔1支,班报表。

2. 操作步骤

(1)检查注水流程各连接部件完好,仪表齐全,无渗漏。

(2)录取泵压、油压、水表底数等有关资料,了解井下工具技术状况。

(3)校对水表。

(4)关配水间下流阀门,记录关井时间、水表底数。

(5)关闭井口油管注水阀门,缓慢打开井口油管洗井阀门,缓开油套洗井直通阀,缓开井口套管阀门。

(6)调节配水间下流控制阀门控制水量,分以下三个阶段进行反洗井:

①微喷不漏阶段,喷量一般不大于 $3m^3/h$,记录注水水表瞬时水量为 $15\sim20m^3/h$,洗至出口液体无黑臭,计时约 $1\sim2h$,出口液量可通过安装水表或利用计量水罐进行计量。

②平衡洗井阶段,进、出口排量一致,排量为 $25m^3/h$ 左右,洗至进、出口水质相同,计时约 $1\sim2h$。

③稳定洗井阶段,进、出口排量一致,排量为 $30m^3/h$ 左右,计时约 $2h$,洗至进、出口水质完

全相同,进口水量略大于出口排水量。

(7)洗井合格后关闭配水间下流阀门,记录水表底数及洗井时间,将井口恢复原正注流程。

(8)缓慢打开配水间下流阀门,按注水配注要求调整好注水量,记录开井时间。

(9)将有关数据资料填入班报表。

3.技术要求

(1)微喷不漏阶段,喷量一般不大于 $3m^3/h$,瞬时水量为 $15\sim20m^3/h$,洗井约 $1\sim2h$。

(2)平衡洗井阶段,排量为 $25m^3/h$ 左右,计时约 $1\sim2h$。

(3)稳定洗井阶段,排量为 $30m^3/h$ 左右,计时约 $2h$,洗至进、出口水质完全相同。

(4)洗井进、出口水质一致为合格。

三、安全操作要求

(1)开关阀门时要侧身,平稳操作。

(2)正确开关流程,防止损坏井下工具。

(3)没有洗井流程的井应接放空管线,防止环境污染。

习 题

一、单项选择题

1.注水压差是指( )与注水井静压之差。
   (A)注水井套压　　(B)注水井油压　　(C)注水井泵压　　(D)注水井流压

2.注水井注水时,井底压力与地层压力的差值叫( )。
   (A)注水压差　　(B)注水压力　　(C)吸水指数　　(D)注采比

3.在注水井内不下( )。
   (A)配水器　　(B)配产器　　(C)油管　　(D)丝堵

4.注水井结构主要是由( )组成的。
   (A)套管、油管、配水器　　　　　　　(B)套管、油管、配产器
   (C)套管、油管、配水器、配产器　　　(D)套管、油管、配水器、采油树

5.下列有关注水井开关的叙述,其中叙述不正确的是( )。
   (A)注水井关井时,只要关闭井口来水阀门就可实现
   (B)注水井关井时,只要关闭配水间上流阀门就可实现
   (C)注水井关井时,只要关闭配水间下流阀门就可实现
   (D)注水井开井时,只要开开配水间下流阀门就可实现

6.注水量是注水井每日实际注入( )的水量。
   (A)水表当日的底数　　　　　　　(B)水表昨日的底数
   (C)井下管柱　　　　　　　　　　(D)井下油层

7.注水井每日注水量是由( )来计算的。
   (A)水表当日的底数　　　　　　　(B)水表昨日的底数
   (C)水表当日的底数与昨日的底数差　(D)昨日的底数减去溢流量

8. 下列有关注水井每日注水量的叙述,其中( )的叙述是正确的。
   (A)水表当日的底数就是当日的注水量
   (B)水表当日的底数与昨日的底数差就一定是当日的注水量
   (C)水表当日的底数与昨日的底数差再减去溢流量就是当日的注水量
   (D)水表累计底数与当日溢流量差就是当日的注水量

9. 注水井每日实际注水泵压,通常是由( )录取的。
   (A)注水干线的压力表上   (B)井口油压力表上
   (C)配水间油压力表上   (D)井口套压力表上

10. 注水井每日实际注水压力,通常是由( )录取的。
    (A)注水干线的压力表上   (B)井口油压力表上
    (C)配水间调控压力表上   (D)井口套压力表上

11. 下列有关注水井每日注水压力的叙述,其中( )的叙述是正确的。
    (A)注水压力就是当日注水干线的泵压
    (B)注水压力就是当日配水间调控压力表上的压力
    (C)注水压力就是井口油压力表上的压力
    (D)泵压与油压可以不同时录取

12. 注水井在单位注水压差下的日注水量叫( )。
    (A)吸水指数   (B)注水强度   (C)注水系数   (D)比注水指数

13. 某注水井在某日注水时,10:30～11:00 冲管线,溢流量为 16m³/d,如果水表当日累计读数是 336,则该井日注水( )。
    (A)352m³/d   (B)336m³/d
    (C)320m³/d   (D)16m³/d

14. 注水井注水量是必须按( )注水。
    (A)生产需要   (B)压力高低   (C)配注方案   (D)吸水能力

二、判断题(正确的打"√",错误的打"×")

( )1. 注水井结构是在完钻井身结构井筒套管内下入油管及配水管柱与井口装置,即采油树组成的。

( )2. 注水井结构是在完钻井身结构井筒油管内下入配水管柱与井口装置,即采油树组成的。

( )3. 由于注水井正常注水时从井口到井下管柱乃至油层,处处都在承受着相当高的压力状态,所以不管开井或关井操作都要平稳。

( )4. 注水井关井就是指生产上的关井。

( )5. 注水量是指注水井每日实际注入井下油层的水量,通常是每日水表当日的底数与昨日同一时刻水表底数的差值。

( )6. 井口溢流量不是水井每日实际注入井下油层的水量。

( )7. 注水井注水泵压通常是在注水干线上的压力直接读取的。

( )8. 注水井注水泵压和油压不能同时录取。

项目八
井站设备管理

计量站和转油站是采油井集汇油气计量、掺水、热洗的处理中心,并对各井进行油气单独计量。通过站内的各种阀门、管线、设备、仪表等控制和疏导各井流程。因此,掌握井站常见设备的正常生产管理和维护是采油工最基本的技能之一。

任务 1　启动离心式输油泵

一、任务描述

启动离心式输油泵(图 8-1、图 8-2)是原油集输泵站为完成集输工作而进行的一项启泵基本操作。离心式输油泵是现场常用的原油集输设备,具有操作简便、调节方便、易于维护等优点。

图 8-1　单级离心泵

图 8-2　多级离心泵结构示意图

二、任务操作

1. 准备工作

工具、用具、材料:200mm、250mm 活动扳手各 1 把,F 扳手 1 把,200mm 一字形螺丝刀 1 把,500V 试电笔 1 支,红外线测温仪 1 个,放空桶 1 个,擦布、润滑油若干,绝缘手套 1 副。

2. 操作步骤

1) 启泵前检查

(1) 检查机泵周围应无杂物,各部位紧固螺栓无松动。

(2) 检查各种仪表应齐全准确、灵活好用,系统电压在 360~420V 之间。

(3) 检查并调整密封填料松紧程度,伴热水应畅通,污油盒无堵塞。

(4) 检查储罐液位应在控制范围内。

(5) 检查机泵润滑油油质合格,油位应在 1/2~2/3 范围内。

(6) 检查电器设备和接地线应完好。

(7) 按照运转方向盘车 3~5 圈,保证灵活无卡阻。

(8) 打开泵入口阀门,向泵及过滤缸内充满液体,同时放净过滤缸及泵内气体,见液后关闭,并活动出口阀门。

(9) 启泵前与相关岗位进行联系,做好准备工作。

2) 工频启泵操作

(1) 按标准化操作解锁,戴绝缘手套侧身合闸,按启动按钮。当电流从最高值下降,二次起跳,泵压上升稳定后,缓慢打开泵的出口阀门,根据生产需要,调节好泵压及流量。

(2) 泵运行正常后,挂运行标识牌,做好相关记录。

3) 变频启动操作

(1) 打开出口阀门。

(2) 按标准化操作解锁,戴绝缘手套侧身合闸,启动变频控制器。将控制柜上选择旋钮拨至变频位置,根据生产参数调节设定值(压力、排量)在规定范围内,按启动按钮启动。

(3) 泵运行正常后,挂运行标识牌,做好相关记录。

4) 启泵后检查

(1) 检查各种仪表指示是否正常,电动机的实际工作电流不允许超过额定电流。

(2) 检查各密封点无渗漏。检查密封填料泄漏情况,如果采用填料密封,其填料漏失量 10~30 滴/min,如果采用机械密封,其机械密封漏失量小于 5 滴/min。

(3) 检查润滑油的油位应在看窗的 1/2~2/3 处。

(4) 检查润滑油油质应合格。

(5) 机组振幅应小于 0.06mm。

(6) 检查机泵轴承温度应小于 75℃。

(7) 机泵运转正常后,每小时对机泵进行检查,并做好记录,填写报表。

3. 技术要求

(1) 启泵前应放净过滤缸内气体,防止泵抽空不起压力。

(2) 运行时机油油位调节到看窗的 1/3~1/2 处。

(3) 运行时密封盒漏失量控制在 10~30 滴/min。

(4) 电机温度不超过 70℃,轴承温度不超过 65℃。

(5) 启泵后出口关闭时间不超过 2~3min,防止泵发热气蚀。

(6) 离心泵出口应安装单流阀,防止突然停泵出现反转。

三、操作安全要求

（1）不正确操作电器设备，带负荷拉闸，电器开关损坏或接地保护失效，未执行上锁挂牌制度造成触电或电弧伤害。

（2）开关阀门未侧身，造成机械伤害。

（3）操作过程中未规范使用工用具，造成机械伤害。

（4）转动部位没有安装保护装置或保护装置失效造成机械伤害。

（5）不正确穿戴劳动保护用品，导致人体接触设备旋转部件造成人员受伤。

任务2　停止离心式输油泵

一、任务描述

停止离心式输油泵操作是在掌握停泵方法的基础上现场经常进行的一项基本操作。离心泵在完成输油工作或进行必要维修时需要进行停泵操作。

二、任务操作

1．准备工作

准备工具、用具、材料：200mm、250mm 活动扳手各1把，F 扳手1把，200mm 一字形螺丝刀1把，500V 试电笔1支，红外线测温仪1个，放空桶1个，擦布、润滑油若干，绝缘手套1副。

2．操作步骤

（1）停泵前与相关岗位进行联系，做好准备工作。

（2）工频停泵关小泵出口阀门，当电流下降接近最低值时，按停止按钮，迅速关闭出口阀门。变频停泵通过下调变频控制参数降低负荷后，按停止按钮，将选择按钮拨到锁停位置，关闭出口阀门。

（3）戴绝缘手套拉闸断电，按标准化操作上锁挂牌。

（4）关闭泵进口阀门，盘车3～5圈，转动灵活。

（5）做好停泵记录。

3．技术要求

（1）停泵或倒泵时要保持压力平稳，压力波动不能超过 0.2MPa。

（2）若启动备用泵应先调小运行泵排量，待运行泵正常时再停运行泵。

三、操作安全要求

（1）冬季输送原油的泵停运后应将泵内原油用水替换干净后放净泵内液体盘车检查。

（2）操作电器设备，应站在绝缘胶皮上，防止触电。

任务3　站内巡回检查

一、任务描述

站内巡回检查是井站每班员工按照井站巡回检查图(图8-3)进行例行检查必须的一项基本操作。采油井站内有计量间、输油泵房、注水泵房、值班室等场所,冬季还要启动热循环炉等。通过巡回检查可以及时发现井站设备出现的各种问题,要求员工对每个细节点都要检查到位,及时对设备、流程进行维护,对事故起到积极的预防作用。

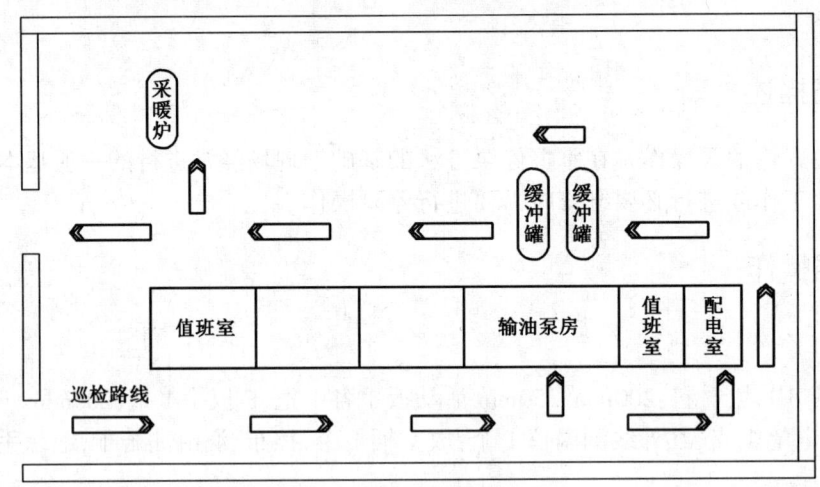

图8-3　井站巡回检查图

二、任务操作

1. 操作准备

工具、用具:记录纸、记录笔、棉纱。

2. 操作步骤

(1)熟悉巡回检查路线。

(2)按巡回检查路线逐点检查,内容包括:

①输油泵房,包括设备运行情况,输油泵排量及进、出口压力,电机三相电压、电流,电机温度,泵漏失情况,设备卫生及场地环境卫生情况。

②注水泵房,包括注水泵运行情况,注水泵排量及进、出口压力,电机三相电压、电流,电机温度,柱塞漏失情况,曲轴箱机油液位及温度,设备卫生及场地环境卫生情况。

③若接班时发生问题,凡能很快处理的,交班人必须处理完毕才能下班,问题比较复杂的,要向上级汇报、做好记录。

④双方交接正常后,填写交接班记录,交班人方可离开岗位。

3. 技术要求

(1) 泵压力波动不能超过 0.2MPa。
(2) 三相电压相差在 -5%~5% 范围内。
(3) 电机温度小于 85℃。

三、操作安全要求

(1) 巡回检查中发现问题应及时汇报,不得瞒报、漏报。
(2) 交班前要按巡回检查要求按巡检路线进行巡检,与来接班人员进行交班。
(3) 各项记录应字迹清楚,记录完整。

任务4　更换闸板阀密封填料

一、任务描述

更换闸板阀密封填料是闸板阀(图 8-4)维修进行的一项基本操作。闸板阀在管线上起到切断和导通液体的作用,由于操作频繁,起密封作用的填料会失去密封作用,引起阀门漏失,如不及时处理将引起液体漏失,环境污染。目前,闸板阀密封填料有石棉绳、铅绳、碳素盘根等,本操作以石棉绳为例进行操作。

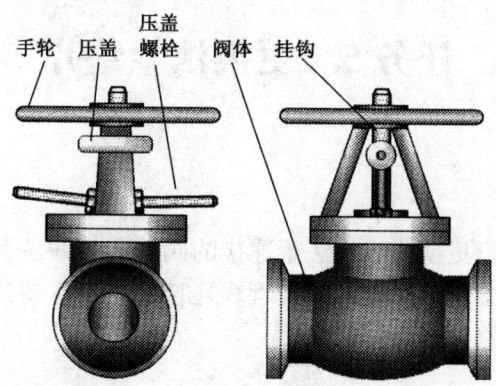

图 8-4　闸板阀结构示意图

二、任务操作

1. 操作准备

工具、用具、材料:合适的梅花扳手一把,手锤一把,自制密封填料钩子一把,平口起子一把,剪刀一把,擦布一块,灰刀一把,放空桶一个,润滑脂若干,石棉绳若干。

2. 操作步骤

(1) 关来液上流阀门,再关下流阀门,切断压源,开关闸门要缓慢。

(2) 打开放空阀门放净管线内余压，待压力表落零时方可进行操作。
(3) 用扳手卸掉密封填料压盖螺母，抬起压盖。

图8-5 更换闸板阀密封填料示意图

(4) 用自制密封填料钩子取出密封填料，清理填料函和阀门丝杠。
(5) 将新填料（石棉绳）涂抹黄油，加入填料函内，加密封填料时可用平口起子压实，如图8-5所示。
(6) 装好压盖，拧紧密封填料压盖螺母，调整松紧适度。
(7) 打开下流阀门进行试压，不渗、不漏为合格，阀门开关灵活好用。
(8) 倒通流程，观察更换情况，视具体情况可用扳手进行微调。
(9) 收好工具，清理现场。

3. 技术要求

(1) 石棉绳应顺时针缠绕。
(2) 密封填料压紧螺栓不能一次拧太紧

三、操作安全要求

(1) 更换填料前必须放净余压，严禁带压作业。
(2) 操作要平衡，防止伤人。

任务5　更换法兰垫片

一、任务描述

更换法兰垫片是在进行更换或维修法兰连接的阀门或管线法兰进行拆开作业时，必须进行的一项操作。法兰连接方式是闸阀及油气管线连接中一种主要连接方式，法兰垫片放置在两法兰之间，起到密封作用（视频20）。

二、任务操作

1. 准备工作

工具、用具：活动扳手2把，划规1副，剪刀1把，尺子1把，平刮刀1把，F扳手1把。
材料：石棉板1块，黄油若干。

2. 操作步骤

(1) 依据相同规格阀门，量取法兰面凸起位置内、外径尺寸。
(2) 按量取的尺寸用划规在石棉板上画出标记，不要划伤石棉板。
(3) 用剪刀剪出合格垫片，根据需要留取手柄长度。

视频20　更换法兰垫片

(4)关闭法兰来液上流阀门,关闭法兰来液下流阀门,切断压源。打开放空,放净余压,如图8-6所示。

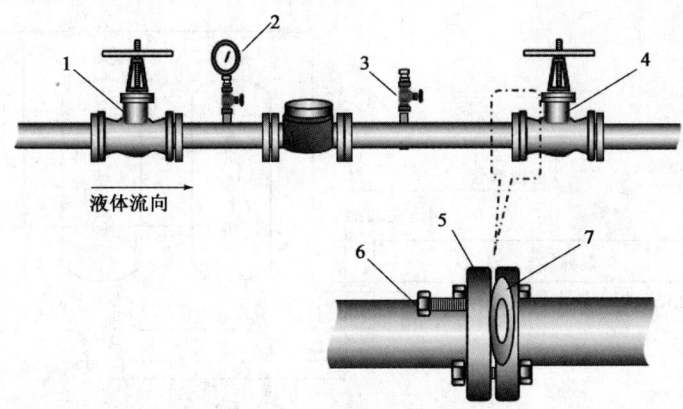

图8-6 更换法兰垫片

1—上流阀;2—压力表;3—放空阀;4—下流阀;5—法兰片;6—法兰螺栓;7—法兰垫子

(5)将连接法兰的螺栓松开,卸掉上部的一条螺栓,取出旧垫片
(6)刮净法兰盘凸起面,清理水纹线。
(7)在新垫片上均匀涂抹适量黄油,对中放入两法兰中间。
(8)上好卸掉的螺栓,对角上紧螺栓,法兰盘间隙要均匀。
(9)关好放空阀门,打开下流阀门试压,要求不渗不漏。
(10)完全打开下流阀门,打开上流阀门。

3.技术要求

(1)垫片尺寸内、外径不能超过规定尺寸的±2mm。
(2)制作的垫片留有不超过5cm的手柄。
(3)试压时用下流试压。
(4)法兰面水纹线要求清理干净。
(5)紧固螺栓时要求对角紧固,四条螺栓受力均匀。

三、操作安全要求

(1)开、关阀门要侧身,防止伤人。
(2)更换前确认放净余压,禁止带压作业。
(3)高压阀门试压时要平稳,严防伤人。

任务6 绘制井站流程图

一、任务描述

绘制井站流程图(图8-7)是利用软件绘制井站设备、设施,油井布局,管线走向的一项操作。要求能够熟练掌握流程图绘制软件的使用方法,会运用绘图软件绘制井站流程图。本操作应用微软Visio2003进行流程图绘制。

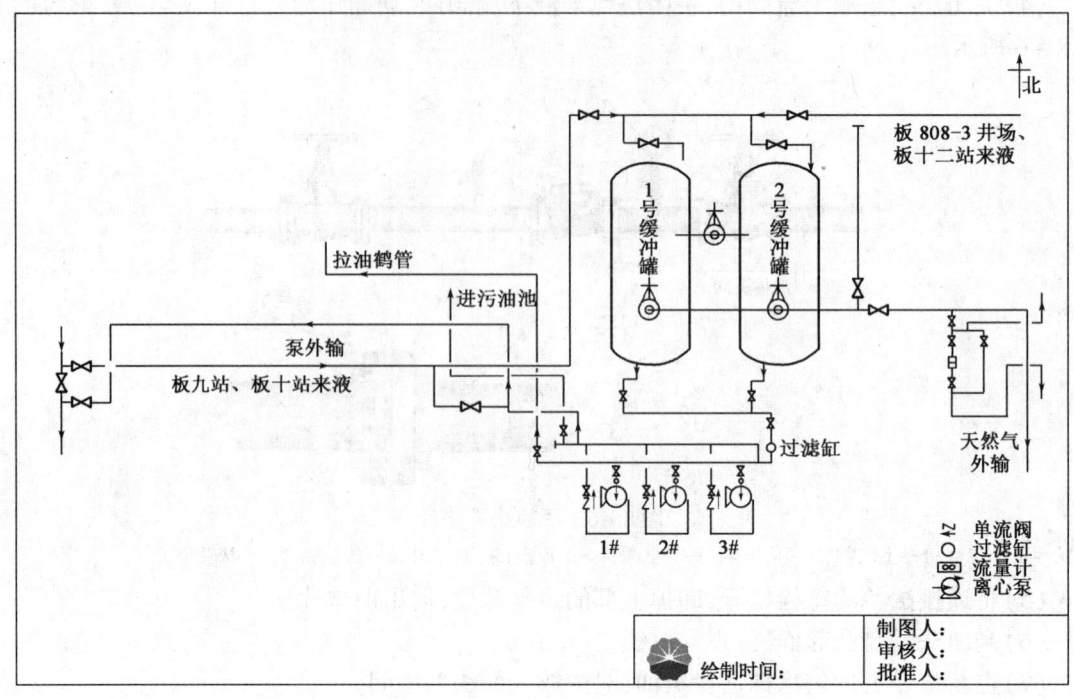

图 8-7 井站工艺流程图

二、任务操作

1. 准备工作

工具、用具、材料：电脑 1 台、Visio2003 软件 1 套，打印机 1 台、中性水笔 1 支，A4 打印纸若干。

2. 操作步骤

(1) 了解井站主要设备的数量及适合能力。

(2) 了解图形、图例的意义及管路标准，部分图形图例如图 8-8 所示。

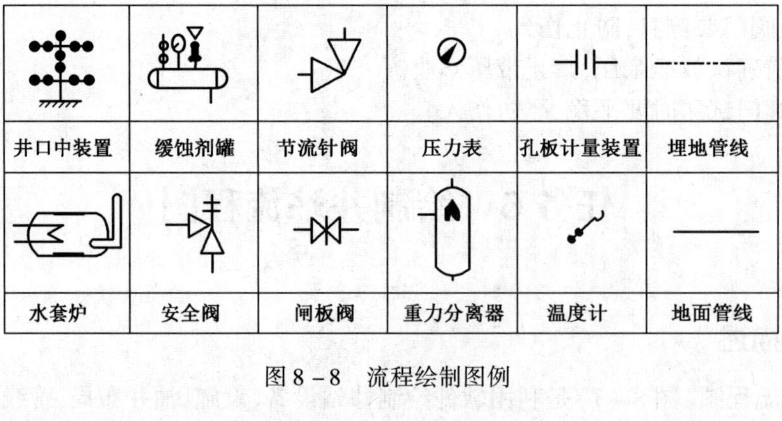

图 8-8 流程绘制图例

(3) 了解所配备仪器、仪表名称及数量。

(4) 在草稿纸上根据设备位置绘制出草图。

(5)启动计算机,启动 Visio2003 应用程序。
(6)选择工艺工程项目内的工艺流程图,进入图形界面。
(7)设定好纸张大小,绘制出边框。
(8)绘制时可以从左侧项目中选择模块,也可自己制作模块。
(9)参照绘制的草图,将设备及管线绘制在绘制区域内。
(10)根据要求在右下角位置绘制标题栏。
(11)绘制完成后注意保存文档,关闭应用程序,关闭计算机。

3. 技术要求

(1)图线粗细要统一。
(2)管线跨越时,下部管线要断开。
(3)设备空间布置合理,管线走向清晰,图形美观。
(4)管线尺寸可以标在图上,也可以标在标题栏内,标题栏规格参照机械制图标准。

三、操作安全要求

(1)按计算机启动要求启动和关闭计算机。
(2)操作中要定时保存文件,防止死机。

习 题

一、单项选择题

1. 离心泵在启动前应检查电压是否在( )V之间,三相电压是否平衡。
   (A)220~240 (B)240~320 (C)320~380 (D)360~420
2. 离心泵启动前应盘车( )圈,看转动是否灵活,有无卡泵现象。
   (A)1~2 (B)2~3 (C)3~5 (D)5~7
3. 离心泵启动前应放净泵及过滤缸内( )。
   (A)气体 (B)液体 (C)水 (D)杂物
4. 离心泵启动正常后密封填料漏失量应在( )滴/分。
   (A)0~10 (B)10~20 (C)10~30 (D)30~50
5. 离心泵运行正常后应每( )h对机泵进行检查,记录好生产数据。
   (A)1 (B)2 (C)3 (D)4
6. 按启动按钮,当电流从最高值下降,( )起跳,泵压上升稳定后缓慢打开泵的出口阀门。
   (A)一次 (B)二次 (C)三次 (D)四次
7. 离心泵停泵时应先( )阀门,后按停止按钮,再关闭出口阀门。
   (A)关小出口 (B)关闭出口 (C)关小进口 (D)关闭进口
8. 离心泵停泵时,当电流( )时,按停止按钮,然后迅速关闭出口阀。
   (A)最大 (B)最小 (C)下降接近最小 (D)上升接近最大
9. 离心泵倒泵时应先( )的出口阀门,控制排量,再启动备用泵。
   (A)打开备用泵 (B)关闭欲停泵 (C)关小欲停泵 (D)开大欲停泵

10. 离心泵停稳后盘车转动灵活,关闭(　　)阀门。
　　(A)出口　　　(B)旁通　　　(C)进口　　　(D)回流
11. 离心泵一级保养时间为(　　)h。
　　(A)800±8　　(B)800±24　　(C)1000±8　　(D)1000±24
12. 离心泵一级保养由(　　)完成。
　　(A)技术人员　(B)维修人员　(C)岗长　　　(D)操作者
13. 不是离心泵一级保养内容的是(　　)
　　(A)调整密封填料漏失量　　　(B)更换轴承
　　(C)更换机油　　　　　　　　(D)紧固螺钉
14. 离心泵(　　)保养时间为1000±8h。
　　(A)经常性　　(B)一级　　　(C)二级　　　(D)强制
15. 离心泵运行时机油油位应在看窗的(　　)处。
　　(A)1/4~1/3　(B)1/3~1/2　(C)1/2~2/3　(D)2/3~3/4
16. 离心泵运行时,泵轴承温度不超(　　)℃。
　　(A)60　　　　(B)65　　　　(C)70　　　　(D)75
17. 为防止离心泵突然停电反转,出口要安装(　　)。
　　(A)安全阀　　(B)截止阀　　(C)闸阀　　　(D)单流阀
18. 离心泵运行时,压力表指示值应在量程的(　　)之间。
　　(A)1/4~1/3　(B)1/3~1/2　(C)1/3~2/3　(D)1/2~3/4
19. 离心泵的转动部分是由轴、叶轮、(　　)等组成的。
　　(A)轴承　　　(B)压盖　　　(C)轴套　　　(D)密封填料
20. 离心泵调节方便,只要改变(　　)阀开度就可以调节压力。
　　(A)入口　　　(B)出口　　　(C)回流　　　(D)单流
21. 离心泵调节方便,只要改变(　　)阀开度就可以调节流量。
　　(A)入口　　　(B)出口　　　(C)回流　　　(D)单流
22. 离心泵在检修中(　　)的轴承压盖不能使用。
　　(A)内孔无磨损　(B)紧固处有裂纹　(C)轴封槽完好　(D)回油槽畅通
23. 检查填料函是否变形,与(　　)四周间隙应一致,冷却环完好。
　　(A)泵轴　　　(B)轴套　　　(C)轴承　　　(D)轴承室
24. 用(　　)清洗好离心泵轴承体内的机油润滑室及看窗。
　　(A)汽油　　　(B)柴油　　　(C)热水　　　(D)机油
25. 把制作好的离心泵轴承端盖密封垫两双面涂上(　　)。
　　(A)黄油　　　(B)柴油　　　(C)原油　　　(D)机油
26. 用(　　)刮净离心泵各密封面处的杂物,放好密封垫片。
　　(A)直尺　　　(B)锯条　　　(C)螺丝刀　　(D)刮刀
27. 在更换法兰垫片时,(　　)的操作是最正确的。
　　(A)卸松四条螺栓,并取下其中一条
　　(B)卸松四条螺栓,并取下其中二条
　　(C)卸松四条螺栓,并取下其中三条
　　(D)卸松四条螺栓,并全取下
28. 法兰垫片的作用是(　　)。
　　(A)增强法兰　(B)防止法兰生锈　(C)密封法兰缝隙　(D)连接法兰

29. 在更换法兰垫片时,应( )。
    (A)先关上流阀门   (B)先关下流阀门
    (C)先关放空阀门   (D)先关总阀门
30. 在闸板阀加密封填料时,( )的操作是正确的。
    (A)密封填料长短一致,两切口能合在一起,切口保持45°
    (B)旧密封填料不必挖净
    (C)密封填料压盖越紧越好
    (D)上下两密封填料切口要错开10°~30°,直至加满
31. 闸板阀的密封填料主要是( )作用。
    (A)延长闸板使用寿命   (B)防止闸板生锈
    (C)起密封   (D)增强闸板强度
32. 在闸板阀加密封填料时,不可缺少的工具是( )。
    (A)钢锯   (B)手锤   (C)扳手   (D)管钳

二、判断题(正确的打"√",错误的打"×")

(　　)1. 离心泵启动前应检查电机绝缘及接地装置是否完好。
(　　)2. 离心泵启动前不用检查密封填料漏失情况。
(　　)3. 离心泵启动前不用与相关岗位联系。
(　　)4. 正确离心泵启动前应与相关岗位联系。
(　　)5. 离心泵启动时应检查机组运行声音是否正常,振动是否超标。
(　　)6. 离心泵启动后工作电流允许超过额定电流。
(　　)7. 离心泵启动平稳后,排量可以随意调节。
(　　)8. 离心泵倒泵前应按离心泵启动前的准备工作检查备用泵。
(　　)9. 离心泵倒泵前应先停欲停泵,再启备用泵。
(　　)10. 离心泵一级保养中,密封填料漏失不超量时,也应更换密封填料。
(　　)11. 离心泵不起压时应先检查清理过滤缸。
(　　)12. 对轮防振胶圈损坏不易造成离心泵振动过大。
(　　)13. 更换法兰垫片时,应准备合适的新垫片,250mm、300mm扳手各一把,500mm撬杠、钢锯条、600mm管钳各一把,棉纱、汽油、黄油少许。
(　　)14. 更换法兰垫片时,在新的法兰垫片放好对正后,上紧螺丝的操作要点是:先上下面的一条以便于调整上螺丝时要求对角均匀上紧,法兰四周缝隙宽度要一致。
(　　)15. 更换法兰垫片时,在卸松法兰的4条螺栓后,要全部取下,便于更换垫片。
(　　)16. 闸板阀填加密封填料时,在确认新密封填料加够后,放下格兰压盖将两条对应的螺丝均匀上好,使压盖不能有倾斜。
(　　)17. 闸板阀填加密封填料时,要加入的新密封填料应是每段之间的切口要错开30°~90°,长度要求要准确。
(　　)18. 闸板阀填加密封填料时,应准备好200mm、250mm扳手各一把,300mm螺丝刀一把,标准密封填料或石棉绳30cm,黄油100g,割刀一把。

项目九
单井动态分析

单井动态分析，主要是分析油、水井井下管柱工作状况是否正常，工作制度是否合理；根据生产能力和各项生产指标的变化情况进行分析，找出变化原因，准确分析、判断，提出切实可行的措施，保障油水井正常生产；分析增产、增注措施效果和油层运用状况等。

任务 1　油水井报表填写

一、任务描述

油水井报表填写是采油工每天都要进行的一项日常操作。油水井资料的录取是油水井生产管理中的重要环节，主要录取油水日产油量、日注水量等各种生产指标，油田开发能否持续稳产、高效，与录取、填写好真实准确的第一手资料是密不可分的。因此填写油水井日报表是最基本、也是非常重要的一项日常工作。

二、任务操作

1. 填写油井生产日报表

1）准备工作

准备报表，钢笔，计算器，油井相关生产数据。

2）操作步骤

油井日报表见表 9-1，填写步骤如下：

(1)填写表头内容所属队别、班组、当日日期、分离器内径、量油标高。

(2)填写井号，按本油田标准写法把几口井井号逐一填入。填写井别，即"抽"或"电"。

(3)填写生产动态数据，要一口井一口井地详细填写生产时间、油嘴(泵径)规格、油压(冲程、冲次)、套压、回压、电流、电压、井口温度。

(4)填写量油时间、测气时间(使用排液法测气)、分离器压力，油井维护及设备维护内容、时间，并扣除油井非生产时间及产量。

(5)计算日产液量、产油量、产水量并填入报表。相关计算公式如下：

$$3 \text{ 次平均量油时间 } t = \sum t / 3$$

式中 $\sum t$ ——3 次量油时间总和(量油次数之和)，s。

$$\text{日产液量} = \frac{\text{分离器量油常数}}{\text{平均量油时间}}$$

表9-1 采油油井日报表

×××采油队　×××计量间　　　　　　　　　　　　　　　　　　　　　　　　　　　20××年××月××日

采油井班油报表

井号	井别	生产时间	油嘴 mm	油压 MPa	套压 MPa	产量 液 t	产量 油 t	产量 水 m³	含水率(%) 化验	含水率(%) 扣水	电压 V	电泵井 工作电流,A A	B	C	抽油机井 电流,A 上	下	热洗 时间 起	止	泵压 MPa	排量 m³/h	温度,℃ 进口	出口	回压 MPa	掺水 压力 MPa	进站温度 ℃	清蜡 时间 起	止	深度 m	备注
3-381	电	24	无嘴	0.2	0.5	162	11	151	93.2	93.2	980	23	24	24									0.11		47				134
4-391	电	18	21	0.4	0.3	302	13	289	95.8	95.8	980	59	61	58									0.11		49				4:00-10:00 欠载停机
4-373	电	24	无嘴	0.5	0.6	410	11	399	97.3	97.3	980	45.2	46.1	46.2									0.11		48				53
4-3802	抽	24		0.2	0.2	35	4	31	96.1	88.7					37	35							0.11	1.15	39				621
3-3812	抽	24		0.2	0.4	55	6	49	88.4	88.4					62	60							0.11	1.15	39				396
4-3866	抽	24		0.2	0.4	54	6	48	88.9	88.9					53	50							0.11	1.15	37				402

油量

井号	油量方式	高度 cm	时间 1	2	3	平均 s	时间,min 起	止	流量计读数 起	止	差值	合液 m³	含水率 %	井号	挡板 mm	分压 MPa	测气 读数 1	2	3	4	5	6	7	8	9	10	平均压差	产气量 m³	备注
4-3802	坡	50	618	624	622	621	09:10	10:10						4-373	7.5	0.11	56	59	57	54	52	53	53	55	56		56	485	副孔枚 12.8
4-391	坡	50	54	55	54	54	10:20	10:35						3-381	7.5	0.11	32	33	36	37	36	35	32	32	31	34	32	366	
3-3812	坡	50	400	399	390	396	08:20	08:50																					

井(间)长：×××　　　值班人：×××

$$日产油量 = 日产液 \times (1 - 含水率)$$
$$日产水量 = 日产液量 - 日产油量$$

(6)计算日产气量(公式见排液法测气)、气油比。计算气油比为(m^3/t)的公式为
$$气油比 = 日产气量 / 日产油量$$

(7)在备注栏填写该井当日工作情况,油井维护及设备维护内容、时间,并扣除油井非生产时间及产量。

(8)填写完所有的油井资料后,仔细检查,确认无误后在值班人处签名。

(9)收拾工具,上交报表。

3)技术要求

(1)字迹工整、书写准确。

(2)计算结果正确。

(3)不正常井或刚作业完井应加密录取有关资料。

2. 填写注水井(日)报表

1)准备工作

准备报表,钢笔,计算器,注水井各项资料。

2)操作步骤

注水井日报表见表9-2,填写步骤如下:

(1)填写报表基本数据:采油队名、岗名、日期、井号、日配注、层段号。

(2)填写报表日生产数据录取的泵压、套压、油压、录取时间(具体到分)、上日末水表读数、今日水表读数、各层段的吸水百分数(指根据指示曲线查出当日注水油压所对应的吸水百分数)。

(3)计算并填写洗井栏洗井井号、洗井或冲洗管线起止时间、历时、套管进口起止水表读数(从配水间内水表上读取)、水量、套压。

$$历时 = "止"时间 - "起"时间$$
$$水量 = "止"水表读数 - "起"水表读数$$

套压指洗井时由配水间内的压力表读取的洗井压力。

(4)填写备注栏掺水水量、提水水量、压水水量、动态关井、维护时间及内容(包括洗井、维修、更换流程阀门、停泵、穿孔、钻井关井等)。

(5)计算注水时间、实注量和分层注入量,并填入报表。相关计算公式如下:

$$注明注水时间 = 24 - 关井时间$$
$$实注量 = 今日水表读数 - 上日水表读数 - 洗井水量 - 掺水水量$$
$$分层注入量 = 实注量 \times 吸水百分数$$

3. 技术要求

(1)字迹工整、书写准确,不能涂改。

(2)计算结果正确。

(3)不能漏取和漏填数据。

三、操作安全要求

(1)操作过程中规范使用工、用具,避免造成数据录取错误。

(2)不正常井或刚作业完井应加密录取有关资料。

表9-2 注水井日报表

注水井班报表

××采油队　　2号站号　　　　　　　　　　　　　　　　　　　　　　　　　　　　　　20××年××月××日

井号	班次	注水时间	检查时间	注水方式	注入压力,MPa 泵压 开井	注入压力,MPa 泵压 关井	注入压力,MPa 注入压力 开井	注入压力,MPa 注入压力 关井	注入压力,MPa 油压 开井	注入压力,MPa 油压 关井	水表读数 始	水表读数 终	注入量 m³/d	配注 m³/d	水层吸水量,m³ 第一层	第二层	第三层	第四层	第五层	第六层	第七层	备注
3-3736	一	18	08:00		14.6				11.3		94451	94588	137	11.1~11.8	84	125	50					8:00-9:00 冲洗管线,水量27m³;水表底数59969;含铁0.3mg/L;含杂质4mg/L
	二	2	10:00		15.2		0.6		11.3		94588	94604	16	179~207								
	三	4	14:00		15.2				11.3		94604	94363	32	190								
	全日	24	14:00	正	15.2		0.6		11.3		94551	94363	185									
4-3836	一	18	08:00		14.6				12.9		59758	59931	173	12.3~12.9	101	0	70	57				
	二	1	10:00		15.2		1.2		12.9		59931	59969	11	212~232								
	三	4	14:00		15.2				12.9		59969	60013	44	210								
	全日	23	14:00	正	15.2		1.2		12.9		59758	60013	228									
3-3826	一	18	08:00		14.6				8.2		22864	23020	156	8.2~8.4	79	81	0	44				
	二	2	10:00		15.2		0.8		8.2		23020	23036	16	185~204								
	三	4	14:00		15.2				8.2		23036	23068	32	170								
	全日	24	14:00	正	15.2		0.8		8.2		22864	23068	204									

班(站)长:×××　　　　第一班:×××　　　　第二班:×××

任务2　绘制油水井管柱图

一、任务描述

绘制油水井管柱图是依据油水井静资料,结合下井工具数据、完井数据等资料绘制油井水管柱示意图的一项操作。油水井管柱图形象而准确地描述油水井的井身结构,在油水井施工设计、作业施工、注水分析时都是重要的资料。

二、任务操作

1. 绘制采油井管柱图

1)准备工作

(1)直尺、铅笔、橡皮、绘图纸。

(2)下井工具名称、型号、规范及下入深度等。油井射开层段、开采层段顶界和底界的深度以及套管接箍的深度等资料。

例如,某抽油机井相关数据资料如下:采用 $\phi 139.7mm$ 套管,共射开3个油层,分别为沙 1^1 层 1871~1891m,沙 1^2 层 1908~1928m,沙 1^3 层 1956~1972m。经试油得知3个油层的含水率分别为95%、80%、97%;静压分别为20MPa、16MPa、21MPa;流压分别为16MPa、12MPa、18MPa;原油密度分别为 $0.89g/cm^3$、$0.86g/cm^3$、$0.87g/cm^3$。人工井底2004m,泵效70%,采用3m6次工作制度生产,采液指数 $10t/(d \cdot MPa)$,套管接箍位置1867m、1897m、1907m、1937m、1947m、1977m。根据生产状况,此井生产沙 1^2 层。操作步骤与绘制考验将以此资料为基础进行介绍。

2)操作步骤

(1)根据资料求出泵径、下泵深度及所需井下工具:泵径56mm,下泵深度923.5m。

(2)确定所需井下工具:62mm油管压缩式泄油器,采用三级封隔器。第一、三级封隔器应选用Y111-114型封隔器、第三级封隔器可选用Y211-115封隔器。

3)绘制步骤

该抽油机井管柱如图9-1所示,绘制步骤如下:

(1)核对给定的管柱数据,做好布图位置,根据数据资料本井封两头抽中间分层。

(2)在所用图纸正上方先画基线,并在上方填写给定井号及管柱图名称,即"××抽油机井管柱示意图"。

(3)画油套管线:在基线向下垂直方向、图幅中央偏左画一点画线,并在两侧对称位置画4条垂直线,最外2条为套管(绿色)线,内2条为油管(红色)线,每条线间隔8mm。注意套管两条线长于油管线。

(4)在基线下方10mm左右的位置画出管柱间断线,要求间距为3~5mm。

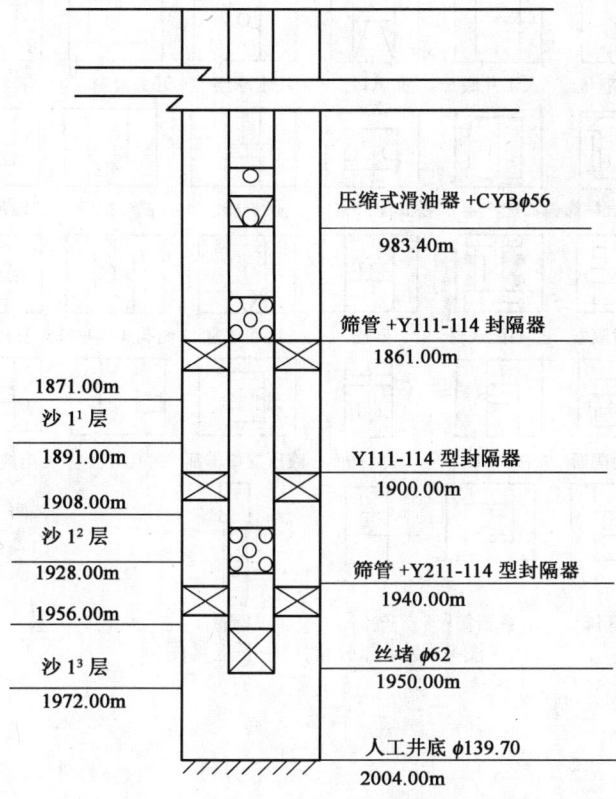

图9-1 ××抽油机井管柱示意图

(5)在套管左侧标定画出采油层段(位)。应位于垂向高度的中下部,几段及厚度大致画出(标出顶、底界深度)。这一定位关系到整个管柱图的布局是否合理,能否准确表达出要表达的内容,一定要选定好。

(6)画出井下图例:在间断线下,根据工具作用、下入深度、开采要求等,自上而下依次绘制出各井下工具的图例符号,其顺序为:

画泄油器及泵→画筛管和第一级封隔器→画第二级封隔器→画筛管和第三级封隔器→画丝堵→画人工井底→自上而下标注各井下工具的名称、规格及下入深度。

部分常用井下工具图例如图9-2所示,标注要求如下:

①泄油器与深井泵一同标注。泄油器名称应写全。
②筛管与封隔器一同标注。
③封隔器与防顶卡瓦的标注线在密封段上界面,其他井下工具标注线在下界面。
④标注线上面写井下工具的规格,下面写下入深度。
⑤标注人工井底深度。

4)技术要求

(1)封隔器的下入深度应避开接箍位置。

(2)封隔器、防顶卡瓦与图例上端面对齐标注工具规格和下入深度,其他井下工具与图例下端面对齐标注工具规格和下入深度。

(3)线条清晰、比例适中、字迹工整、符号及数据准确。

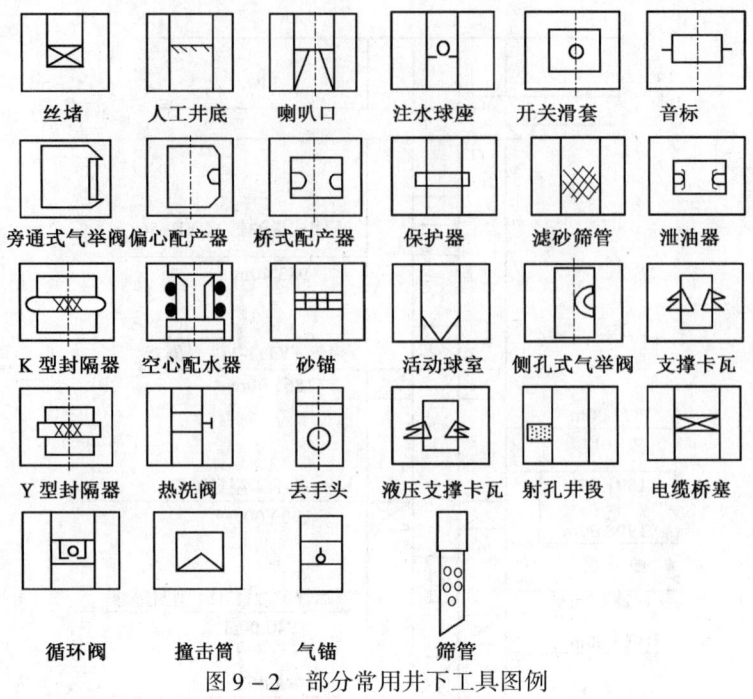

图 9-2 部分常用井下工具图例

2. 绘制注水井管柱图

1）准备工作

(1) 直尺、铅笔、橡皮、绘图纸。

(2) 下井工具名称、型号、规范及下入深度等，包括应下配水器的类型、封隔器型号规格及其下入深度等资料。

(3) 注水井射开层段、注水层段的顶界和底界的深度以及套管接箍的深度和人工井底深度等资料。

2）操作步骤

如图 9-3 所示，绘制注水井管柱图的步骤如下：

(1) 首先核对给定的管柱设计数据与注水层段数据是否相符，确认无误后准备正式画图。

(2) 画基线，填图头名称。在所用图纸的正上方适当位置画一横基线，并把"××注水井管柱示意图"填写在基线上方。

(3) 画垂直基线，定油、套管线。在基线向下垂直方向、图幅中央偏左画一点划线，并在两侧对称位置画 4 条垂直直线，最外 2 条为套管线（绿色线），内 2 条为油管（红色线），每条间隔 8mm。

(4) 画间断线。在基线下方 10mm 左右的位置画出管柱间断线，要求间距为 3~5mm。

(5) 画注水层段（油层位置）。在套管线左侧标定画出给定的注水层段（几段、顺序等），位置在整个管柱高度的下1/3~2/3处，这是很关键的一步，它直接影响整幅图布局是否合理，并标注

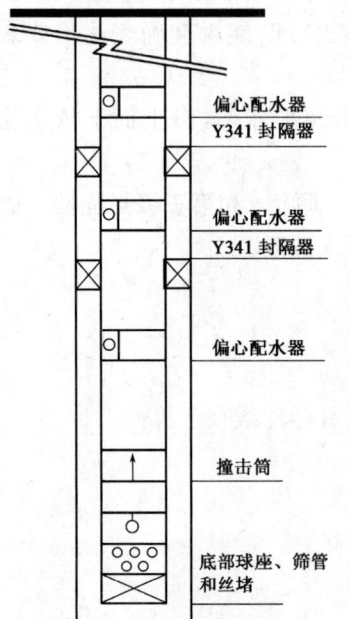

图 9-3 ××注水井管柱示意图

油层顶界、底界的深度。

(6)画配水器及封隔器。在油管线内对应注水层段位置画出配水器。在油层与油层之间画出封隔器,封隔器的位置一定要避开套管接箍的位置。注意配水器一定要画在本注水层段内。

(7)画底部球座、筛管和丝堵。在油管的最末端画出底筛堵。

(8)画出人工井底。在套管线最下端连横线,即为人工井底。

(9)自上而下标注各井下工具的名称、规格及下入深度。标注要求如下:

①底筛堵一同标注。

②封隔器的标注线在密封段上界面,其他井下工具标注线在下界面。

③标注线上面写井下工具的名称、规格,下面写下入深度。

④标注人工井底深度。

三、技术要求

(1)油水井动、静态数据当取准确、齐全。

(2)线条清晰,粗细分明,标注准确。

(3)严格按图例标注。

任务3　绘制采油井采油曲线图

一、任务描述

绘制采油井采油曲线图操作是采油工进行单井分析时必须要做的一项操作。采油曲线是以时间为横坐标,以采油井主要开采指标为纵坐标画出的采油井生产记录曲线,它反映了采油井开采指标随时间的变化过程。应熟练掌握采油曲线的绘制方法和步骤。现以抽油机井为例进行介绍。

二、任务操作

1. 准备工作

(1)合适的绘图纸,专用图纸或350mm×250mm米格纸。

(2)绘图仪器、直尺、铅笔、橡皮、绘图笔、彩色笔等。

(3)抽油机井生产数据表(表9-3)。

表9-3　抽油井生产数据表

生产时间	工作制度 (泵径×冲程×冲次) mm×m×次/min	日产量,t		含水率,%	动液面,m	备注
		液	油			
2015年1月	56×4.2×4	78	7.6	90.3	480	
2015年2月		70	5.0	92.8	500	
2015年3月		78	4.5	94.2	460	

续表

生产时间	工作制度 (泵径×冲程×冲次) mm×m×次/min	日产量 t		含水率,%	动液面,m	备注
		液	油			
2015年4月		81	5.3	93.5	440	
2015年5月	56×4.8×4	90	6.0	93.3	360	10日调参
2015年6月		82	5.3	93.5	440	

2. 操作步骤

××抽油机井采油曲线如图9-4所示,其绘制步骤如下:

(1)建立平面直角坐标系:纵坐标为抽油机井各项开采指标,一般包括动液面、冲程、冲次、日产液量、日产油量、含水率;横坐标为日历时间。

(2)依次将各指标数据与日历时间相对应的点在坐标系中标出并连线。

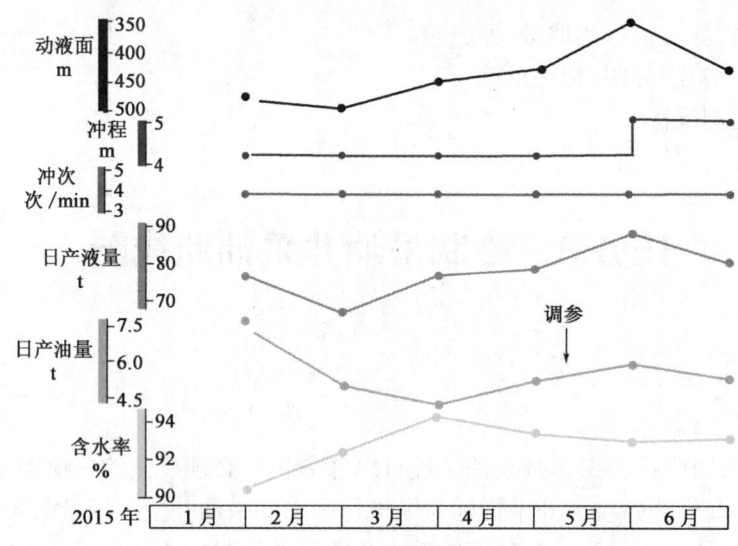

图9-4 ××抽油井采油曲线

3. 技术要求

(1)标点位置要准确。

(2)将冲程、冲次等指标画成一段直线,连成城垛状。其他指标各相邻点用直线连接,形成有棱角的折线。

(3)将本井各项措施在产量曲线旁注明并用箭头指明日期。

(4)上墨着色。一般规定产液量为深红色或紫色,产油量为鲜红色,含水率为蓝色,动液面为棕色,其他可任选。

(5)标注图名,清理图件。

三、操作安全要求

操作过程中规范使用工、用具,避免造成数据录取错误。

任务4 分析示功图

一、任务描述

分析示功图是抽油机井进行单井工况分析时必须要进行的一项操作。由于抽油机井的情况较为复杂,在生产过程中,深井泵将受到制造质量、安装质量,以及出砂、结蜡、含水、产气、稠油和腐蚀等多种因素的影响,实测示功图的形状很不规则。必须要结合理论示功图及典型示功图,对实测示功图进行分析。

二、任务操作

1. 准备工作

(1)工具、用具:铅笔、直尺、记录本、计算器、棉纱、绝缘手套、400mm 活动扳手、方卡子或卸载器、污油桶、平锉、砂纸、黄油等。

(2)同口井实测示功图一组。

(3)收集该井有关资料,包括产量、含水、动液面、泵径、泵挂深度及冲程、冲数等。

(4)了解原油密度、黏度、矿化度以及油井出砂情况。

(5)动力仪力比、减程比。

2. 操作步骤

(1)根据油井动、静态资料,绘制出该井理论示功图。

(2)根据油井参数,计算出驴头最大负荷、最小负荷在理论负荷线上的位置。

(3)比较实测示功图与理论施工图的差异。

(4)分析抽油机井资料和原油物性资料,判断抽油泵工作状况。

(5)分析抽油泵不正常的原因。

抽油泵典型示功图及图形分析见表9-4。

表9-4 抽油泵典型示功图及图形分析

典型示功图	图形分析
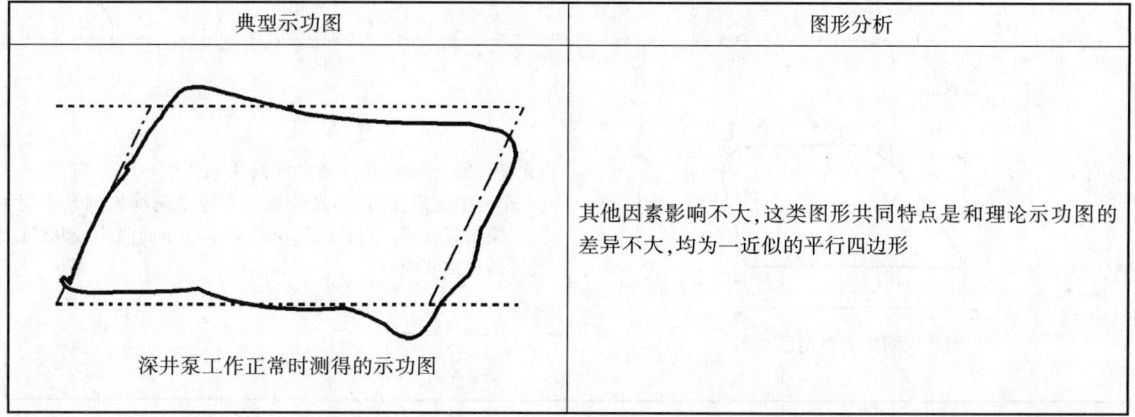 深井泵工作正常时测得的示功图	其他因素影响不大,这类图形共同特点是和理论示功图的差异不大,均为一近似的平行四边形

续表

典型示功图	图形分析
供液不足的典型示功图	理论根据:活塞下行时,由于泵内没有完全充满,游动凡尔打不开,当活塞下行撞击到液面游动阀才打开,光杆突然卸载。该图的增载线和卸载线相互平行
供液极差的典型示功图	理论根据:活塞行至接近下死点时,才能接触到液面,使光杆卸载,但由于活塞刚接触到液面,上冲程又开始,液体来不及进入活塞以上,所以泵效极低
气体影响的典型示功图	理论根据:在活塞上行时,泵内压力降低,溶解气从石油中分离出来,由于气体膨胀,给活塞一个推动力,使增载过程变缓;当活塞下行时,活塞压缩泵内气体,使泵内压力逐渐增大,直到被压缩的气体压力大于活塞以上液柱压力时,游动阀才能打开。因此,光杆卸载较正常卸载缓慢,卸载线成为一条弯曲的弧线
"气锁"的典型示功图	"气锁"是指大量气体进入泵内后,游动阀、固定阀均失效,活塞只是上下往复压缩气体,泵不排液
游动阀漏失的典型示功图	当光杆开始上行时,由于游动阀漏失泵筒内压力升高,给活塞一个向上的顶托力,使光杆负荷不能迅速增加到最大理论值,使增载迟缓。增载线是一条斜率较小的曲线,卸载线变陡,两上角变圆

续表

典型示功图	图形分析
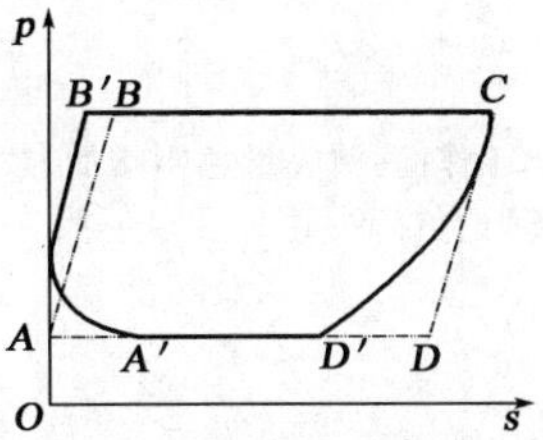 固定阀漏失的典型示功图	该示功图的特点反映在卸载时,右下角变圆,卸载线与理论负荷线夹角变小,漏失越严重夹角越小。图形左下角变圆,漏失越严重,此角越圆滑
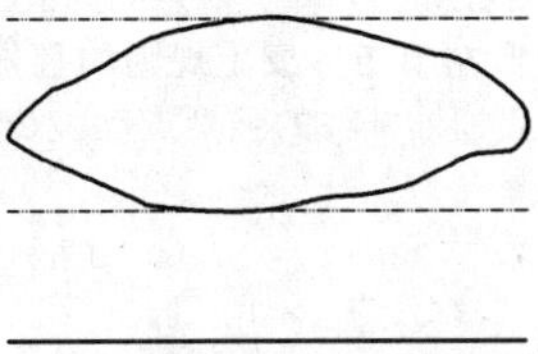 双阀漏失的典型示功图	由于光杆在加载和减载过程中两种漏失同时存在,使示功图的四角变圆,但此时油井仍出油
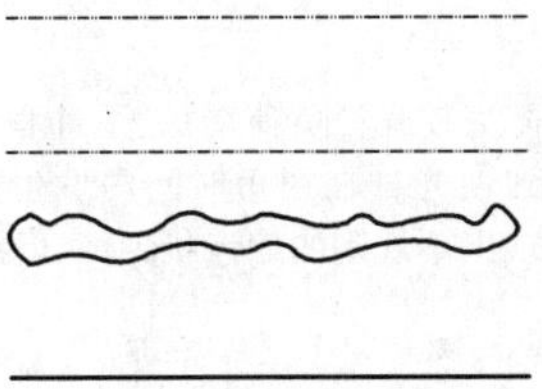	抽油杆断脱后的悬点载荷实际上是断脱点以上的抽油杆柱在液体中的重量,悬点载荷不变,只是由于摩擦,上下载荷线不重合,成条带状
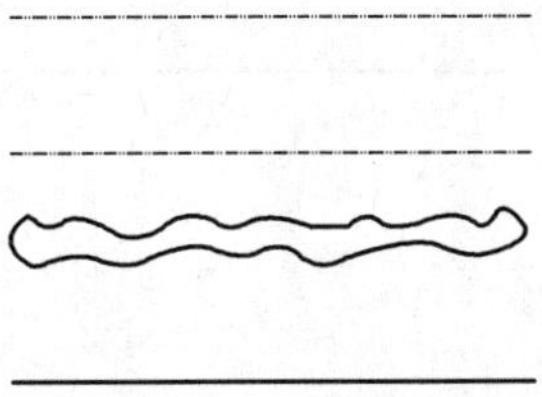	在杆柱上部断脱的图形
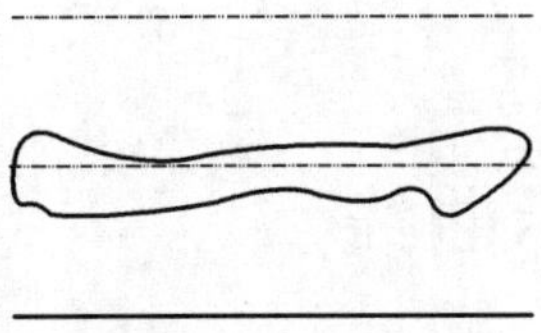 连抽带喷的典型示功图	图形增载线、减载线不明显或根本看不出来,图形位置介于理论上下负荷线之间;但自喷能力很强时,图形也可能低于最小理论负荷线。现场有时也需用计量数据判定
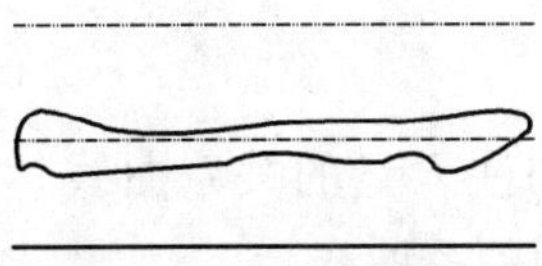 油管漏失的典型示功图	由于油管漏失不是深井泵本身所致,所以图形变异不大,只是当漏失严重、油井不出油时,示功图的最大负荷线低于最大理论负荷线。但测试时仪器未完全吃上负荷,也会产生图形变瘦,示功图的最大负荷线低于最大理论负荷线。若漏点在井口附近,图形与正常时所测图形极为相似,现场需用计量或憋压等数据判定。如图形只是整体下移,则是示功仪负荷零点漂移所致

续表

典型示功图	图形分析
活塞部分脱出工作筒的典型示功图	活塞已开始脱出工作筒,漏失量急剧增加,载荷也随之急剧下降,降到最低理论负荷线
防冲距过小导致碰泵的典型示功图	当活塞撞击固定阀罩时,光杆负荷急剧降低,但由于活塞又开始上行,在图形左下角形成不规则的且带环状的尾巴。同时,因撞击引起抽油杆柱的强烈震动,双阀也剧烈跳动,封闭不严,造成漏失
出砂影响的典型示功图	上冲程时,附加阻力使光杆负荷增加,下冲程是附加阻力使光杆负荷减少,致使光杆在很短时间内发生多次急剧的变化,图形多处呈现出不规则的锯齿状尖峰,但油井仍能出油

三、技术要求

(1)数据资料录取准确、齐全。
(2)理论示功图比例选择合理,图形完整美观。

任务5　分析注水指示曲线

一、任务描述

注水指示曲线是注水井稳定流动的条件下,注入压力与注入量的关系曲线。在分层注水情况下,小层指示曲线表示各小层注入压力与小层注水量的关系曲线。

分析注水指示曲线是注水井进行单井分析时要进行的一项必要操作内容。通过对比不同阶段注水井的注水指示曲线可以分析注水井吸水能力的变化及注水管柱情况。

二、任务操作

1. 准备工作

工具、用具：分层测试成果数据、米格纸、笔、彩笔、橡皮。

2. 操作步骤

1）分析指示曲线典型变化实例

(1) 指示曲线右移、右转，斜率变小。这种变化说明油层吸水能力增强，吸水指数增大，如图9-5所示。产生原因可能是油井见水后，阻力减小，引起吸水能力增大；也可能是采取了增产措施导致吸水指数增大。

(2) 指示曲线左移、左转，斜率变大。这种变化说明油层吸水能力下降，吸水指数变小，如图9-6所示。产生原因可能是地层深部吸水能力变差，注入水不能向深部扩散，或是地层堵塞等。

(3) 曲线平行上移。如图9-7所示，由于曲线平行上移，斜率未变，故吸水指数未变化，但同一注入量所需的注入压力却增加了。曲线平行上移是油层压力增高所导致的。产生原因可能是注水见效（注入水使地层压力升高），或是注采比偏大等。

(4) 曲线平行下移。如图9-8所示，由于曲线平行下移，斜率未变，故吸水指数未变化，但同一注入量所需的注入压力却下降了。说明油层压力下降了。产生原因可能是地层亏空，即注采比偏小，注入量小于采出的液量，从而导致地层压力下降。

以上是四种典型曲线的变化情况及产生的原因分析。

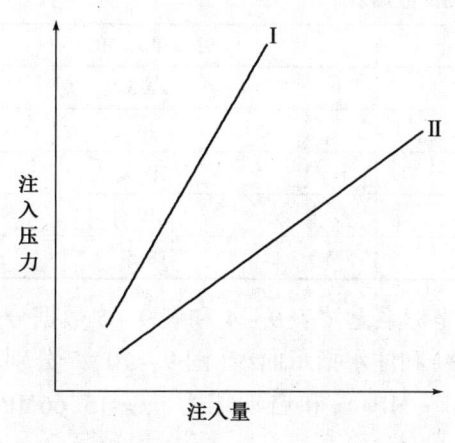

图9-5 吸水能力增强指示曲线

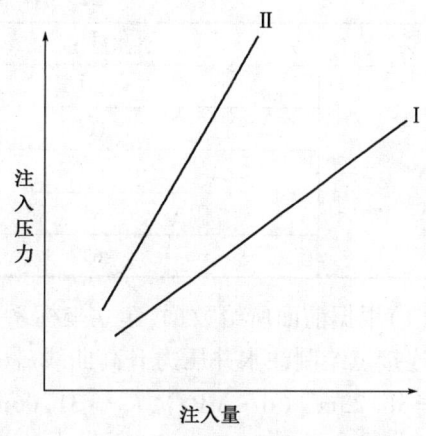

图9-6 吸水能力下降指示曲线

2）单注井案例分析

某井注水井A所给的生产数据如下，2017年10月30日测试数据见表9-5；2017年11月12日测试数据见表9-6。要求绘制A井注水指示曲线并回答以下问题：

(1) 分别求吸水指数和启动压力。

(2) 对A井进行分析。

(3) 提出合理的解决措施。

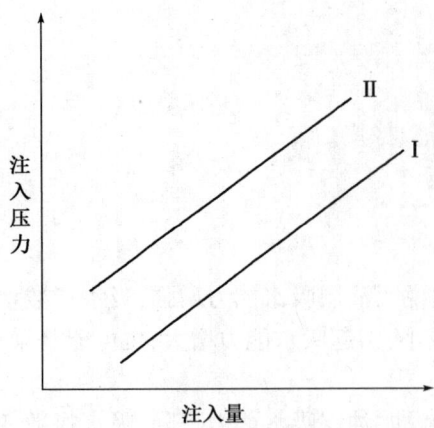
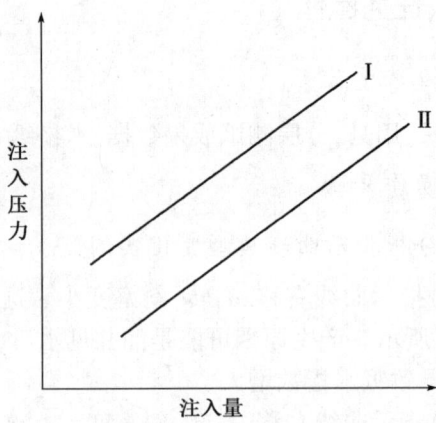

图 9-7 注水压力升高曲线　　　　图 9-8 地层亏空曲线

表 9-5　注水压力升高曲线

井号	注水量, m³/d	注入压力, MPa
A	120	19.0
	105	18.5
	84	18.0
	66	17.5
	49	17.0

表 9-6　A 井测试数据表

井号	注水量, m³/d	注入压力, MPa
A	131	20.5
	116	20
	101	19.5
	85	19
	69	18.5

解：(1) 根据前面所给数据，建立坐标系并在坐标系上按表 9-4 和表 9-5 数据分别绘制点，然后连接点绘制注水井压力升高曲线（图 9-9）和注水指示曲线（图 9-10）。分别求吸水指数 $K_1 = 36.23 \text{m}^3/(\text{d} \cdot \text{MPa})$，$K_2 = 31.06 \text{m}^3/(\text{d} \cdot \text{MPa})$，和启动压力 $p_1 = 15.66 \text{MPa}$，$p_2 = 16.26 \text{MPa}$。

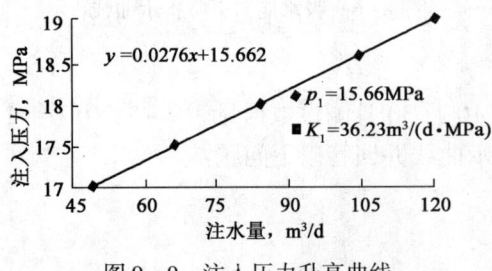
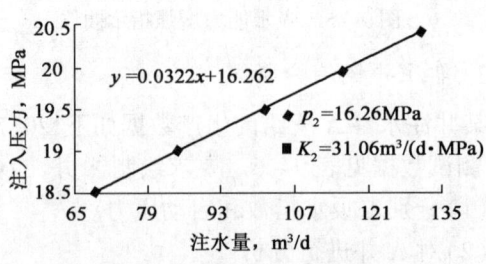

图 9-9 注入压力升高曲线　　　　图 9-10 A 井注水指示曲线

(2)对 A 井进行分析。该井吸水指数由 36.23m³/(d·MPa)降低到 31.06m³/(d·MPa)启动压力由 15.66MPa 上升到 16.26MPa,指示曲线左移,油层可能受到污染堵塞或者由于长期注水使地层压力上升。

(3)采取合理的解堵措施,如洗井、酸化、对受益油井采取增产措施等。

3)用指示曲线分析井下配水工具的工作状况

分层配注时,井下配水工具可能发生各种故障,所测指示曲线也相应发生各种变化。因此,根据指示曲线的变化,就能对井下配水工具的工作状况进行分析判断。以下仅就封隔器失效及配水嘴发生的故障进行分析。

(1)封隔器失效。

造成封隔器失效的主要原因是封隔器胶皮筒变形或破裂无法密封。配水器弹簧失灵及管柱底部阀不严,使油管内外达不到封隔器胶皮筒张开所需的压力差。

①封隔器失效的判断方法。

一般下水力压差式封隔器的注水井,油、套压差需保持在 0.5~0.7MPa。正注井如果出现油、套管压力平衡或套压随油压变化,注入量增加,则可判断为由于封隔器失效导致上下窜通,使吸水能力高的控制层段注入量增加。

第一级封隔器失效后,控制层段吸水量将上升,导致全井吸水量上升,套压上升,油压下降,油压、套压接近平衡。

②第一级以下的各级封隔器失效的判断。

多级封隔器一级以下某级封隔器不密封,则表现为油压下降(或稳定),套压不变,注水量上升。若要确定是哪一级不密封,则需通过分层测试来判断。在投球测试的分层指示曲线上,失效封隔器的上层段大幅度偏向压力轴,下层段大幅度偏向流量轴,如图 9-11 所示。

(2)配水嘴故障。

①水嘴堵塞,表现为注水量下降或注不进水,指示曲线向压力轴偏移。

②水嘴孔眼被刺大,孔眼被刺大的过程一般是逐渐变大的,所以短时间内指示曲线变化不明显,经过较长的时间后,则历次所测曲线有逐渐向流量轴偏移的趋势。

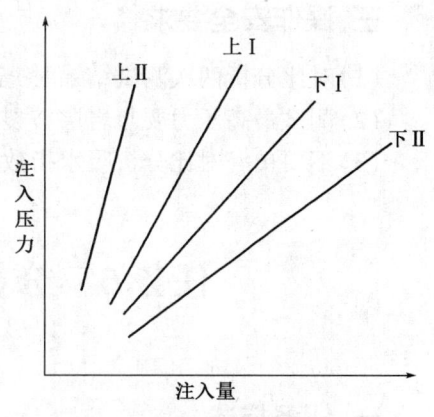

图 9-11 多级封隔器测试曲线

③水嘴脱落,表现为全井注水量突然增加,层段指示曲线向注水两轴偏移。

4)分析井下工具故障与地层吸水能力变化的区别

利用指示曲线分析注水井工作时,应将井下工具工作状态与油田生产情况联系起来进行分析。

(1)注水量下降的原因。

如发现某井注水量下降时,可能由以下原因引起:

①地层堵塞,吸水指数逐渐降低。

②注水见效吸水指数不变,地层压力上升。

③水嘴堵塞,吸水指数突然降低。

(2)注水量上升的原因。

如发现某井注水量上升时,可能由以下原因引起:

①油井见水油井中有显示,吸水指数增加。

②地层亏空吸水指数不变,地层压力下降。

③水嘴被刺大,吸水指数逐渐增大。

④水嘴脱落吸水指数突然增大。

3. 技术要求

(1)了解注水井管柱结构、各层段配注要求及正常注水压力和水量。

(2)测试前应先洗井。

(3)测试时,泵压必须保持稳定且等压下降。

(4)测试过程中,仪器及工具操作平稳。

(5)测试过程中边测边做指示曲线,发现异常应复测。

(6)分层注水井每一层必须测指示曲线,所测压力水量必须在合格范围内,分层水量之和应与全井水量相等。

(7)分析全井测试水量与配注水量的差值、分层测试水量与分层配注水量的差值。

(8)从测试的各个压力点分析全井及各小层随着压力的增加水量的变化情况,并与其他层段的注水情况对比。

(9)分析测试曲线上不合理的异常拐点。

三、操作安全要求

(1)对比分析两次测试结果时,全井和各层的注水指示曲线,要分开画。

(2)测试最高压力要与岩层破裂压力对比,作为提出措施意见的依据。

(3)不要单一对比分析吸水指数。

任务6 分析电动潜油泵井电流卡片

一、任务描述

电动潜油泵井实时运行电流以电流曲线的形式记录在电流卡片上,电流曲线是分析电动潜油泵井每天生产情况的参数资料,通过分析电流曲线判断油井供液、机组运行和电路发生的故障,及时调整合理的工作制度和护理措施,以确保电动潜油泵井能正常运行。

二、任务操作

1. 准备工作

准备电动潜油泵井运行电流卡片若干,记录笔,记录纸。

2. 操作步骤

1)正常运行的电流卡片

图9-12为电动潜油泵正常运行情况下的电流卡片。电流记录仪所画出的是一条光滑对

称的曲线,其电流值等于或接近电动机的额定电流值。

下步措施执行既定护理措施,关注井底流压变化,及时调整油嘴。

2) 电压波动的电流卡片

图 9-13 为电压波动的电流卡片。在电动潜油泵的运行过程中,电动机的电流值与电压值成反比关系,因此电源电压的波动,将会引起电动机电流值的波动,来维持恒定的负荷。电源电压波动会引起电流值的波动,在运行电流卡片上就会出现了钉子状的突变。电源电压波动最普遍的原因是由于功率较大的注水泵或其他设备突然启动所造成的电压瞬间波动。

解决方法为:(1)避免大功率的设备集中启动;(2)停电后先启动抽油机井,再启动电动潜油泵井;(3)在电动潜油泵井安装避雷器。

3) 电动潜油泵发生气塞时的电流卡片

图 9-14 为电动潜油泵发生气塞(气体干扰)时的电流卡片。电动潜油泵在运行过程中,由于液面逐渐下降至吸入口,造成泵内进气因气塞而抽空,最后由于发生气塞而使机组欠载停机。还有一种就是泵已有气塞现象,并继续在较低的电流下工作。

解决方法为:(1)打开套管阀门放掉套管气;(2)提高对应注水井注水量;(3)根据实际运行电流的 0.8 倍调整欠载保护值。

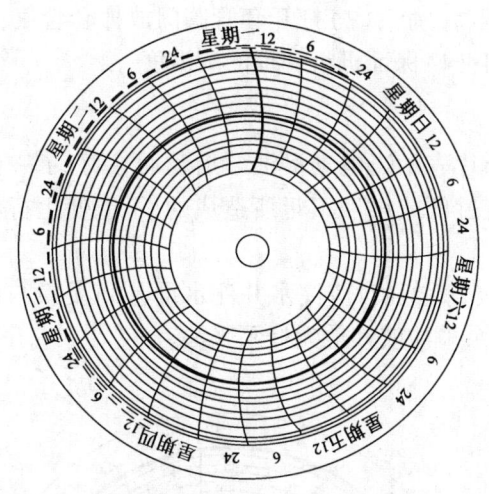 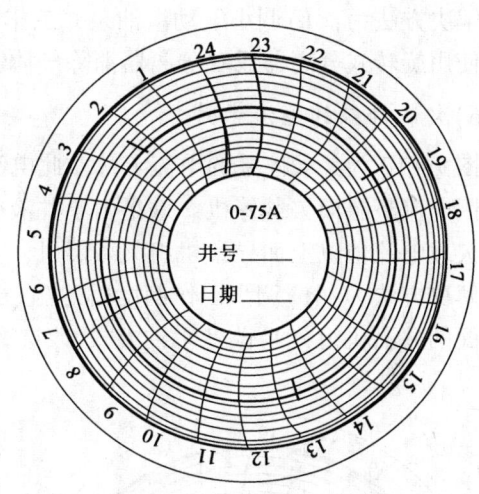

图 9-12　正常运行的电流卡片　　　　　图 9-13　电压波动的电流卡片

4) 电动潜油泵抽空时的电流卡片

图 9-15 为电动潜油泵抽空时的电流卡片。该电流卡片表明了电动潜油泵由于抽空而欠载停机,然后又重新启动,随后因同一原因再次停机。这种情况的发生,一是由于所选的泵排量大于油井的实际产能,二是周围注水井欠注,三是延时启动时间不合理。因此卡片分析要结合生产情况进行综合分析,才能找出电流变化的原因。

解决方法为:(1)更换与油井供液匹配的机组;(2)更换其他采油方式;(3)增加延时启动时间。

5) 电动潜油泵在含气井中运行的电流卡片

图 9-16 为电动潜油泵在含气井中运行的电流卡片。此电流卡片说明:电动潜油泵的选

择基本符合要求,但是井中有一定的气体,电流波动是由于原油脱气进泵所引起的,这种情况将会降低效率。

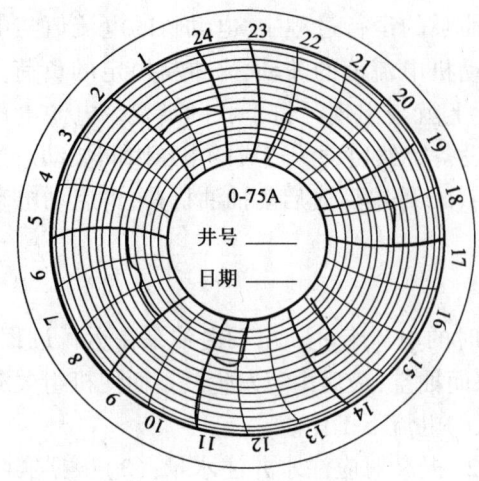
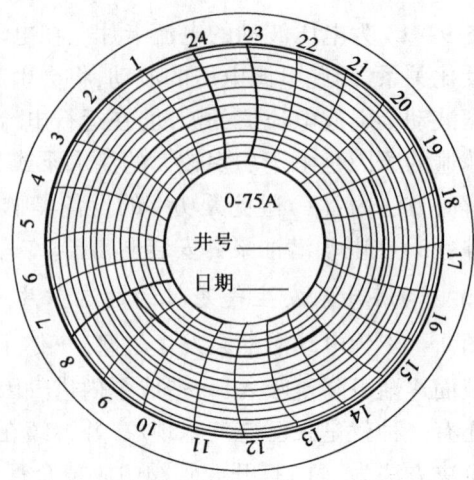

图9-14　泵气塞时的电流卡片　　　　　图9-15　泵抽空时的电流卡片

解决方法为:(1)调小电动潜油泵井工作制度(油嘴);(2)打开套管阀门放掉套管气;(3)配套使用旋转式分离器或双分离器消除气体影响;(4)保证机组合理的沉没度。

6)欠载停泵的电流卡片

图9-17为欠载停泵的电流卡片。此电流卡片表示当电动潜油泵启动后,运行了一段时间后因电流下降而欠载停机。这是由于井液密度过低或供液不足所造成的,不能使运行电流高于欠载电流值以上而导致机组欠载停机。

解决方法为:(1)调小工作制度(油嘴直径);(2)增强对应注水井注水量;(3)更换与该井相匹配的井下机组;(4)改变采油方式,改选有杆泵采油或其他无杆泵采油。

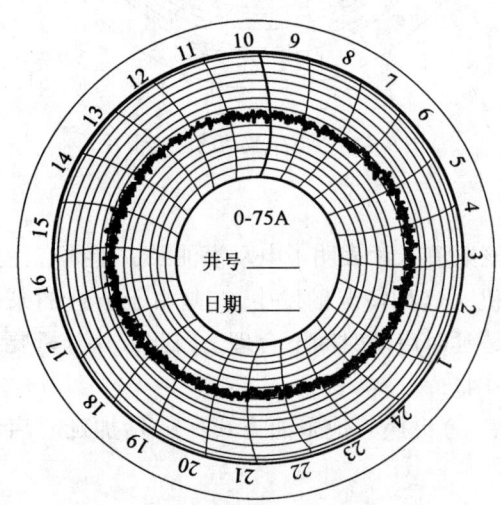
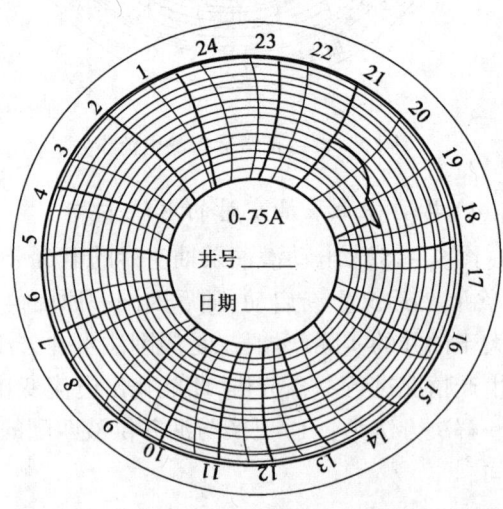

图9-16　电动潜油泵在含气井中运行的电流卡片　　　　图9-17　欠载停泵的电流卡片

7) 过载停机的电流卡片

图 9-18 为正常过载停机的电流卡片。此卡片表明,开始时机组电流运行正常,后来电流逐渐升高,最后达到过载电流整定值,导致机组过载停机。这时应检查过载原因,排除故障后再进行试启动。若没有问题则投入正常运行,否则需进一步查找故障原因。

解决方法为:(1)正常过载井应洗井;(2)下泵前冲砂,或考虑上提管柱。

8) 泵在有杂质(或出砂)井液中运行的电流卡片

图 9-19 所示为泵在含有杂质的井液中运行的电流卡片。这种电流卡片表明了电泵启动以后,运行到某一时间突然发生波动,过一段时间又自动恢复正常。引起上述现象的原因是井液中含有松散的泥砂或碎屑,严重时会造成过载停机或卡泵。

解决方法为:(1)调小电泵井工作制度(油嘴直径);(2)倒反转将进入叶轮的泥砂排出,再倒回正转生产。

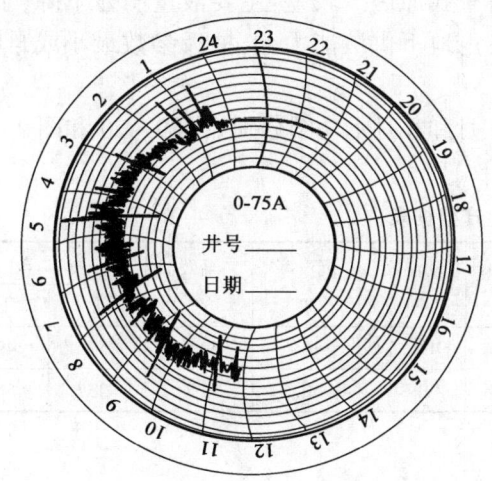

图 9-18　过载停机的电流卡片

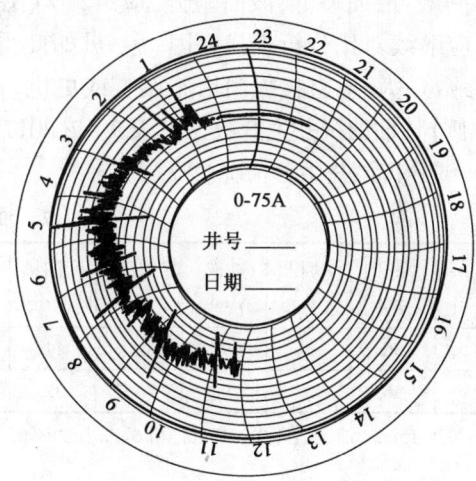

图 9-19　泵在含有杂质(或出砂)井液中运行的电流卡片

任务7　油井单井动态分析

一、任务描述

油井单井动态分析是以分析生产现状为主,通过各种资料、图标、曲线的分析,找出存在的问题,并提出具体措施的一项操作。要求掌握基本分析方法和步骤,对抽油井动态变化做出正确分析与判断,写出分析结果。

二、任务操作

1. 准备工作

(1)收集数据:某油井某一阶段的生产数据、测试资料、井下管柱数据。

(2)工具、用具:纸、笔、橡皮、尺、计算器。

2. 操作步骤

(1)统计整理生产数据:产液量、产油量、含水率、动液面、工作制度(冲程、冲数、泵径)。整理测试资料示功图、动液面、流压、静压等,制作生产数据表。

(2)绘制生产曲线:依据整理出的生产数据和测试资料绘制油井生产曲线。

(3)生产分析:

①分析生产曲线变化规律:分析出产液量变化趋势及其与动液面变化趋势协调状况,产油量与产液量及含水率变化情况,曲线变化时相关井生产情况。

②分析示功图变化:结合理论示功图,分析实测示功图变化趋势,结合油井生产数据及测试结果分析产生图的原因及生产状况。

③初步定性分析动态状况好,液量、含水率较稳定,液面与抽汲参数合理(泵肯定是正抽的)。一般:液面略低,液面略升,应继续对比分析查找原因。较差:主要液量明显下降,泵况变差,应继续对比分析查找原因。一贯如此(很差):地下供液能力差,抽汲参数最小或自喷、抽汲参数最大,应直接提出措施调整或更机。

【例】某抽油机井生产数据见表9-7,2017年5月和6月示功图分别如图9-20和图9-21所示。试分析该井生产情况。

表9-7 油井生产数据表

日期	泵径 mm	冲程 m	冲次 n/min	产液量 t/d	产油量 t/d	含水率 %	动液面 m	沉没度 m	泵效 %	电流,A 上	电流,A 下
2017.5	56	3	9	65	11	83.6	496.5	464	69.8	57	49
2017.6	56	3	9	4	0	90.4	井口	960.5	4.2	33	56

注:憋压15min,油压上升0.1MPa,停机5min压力不降。

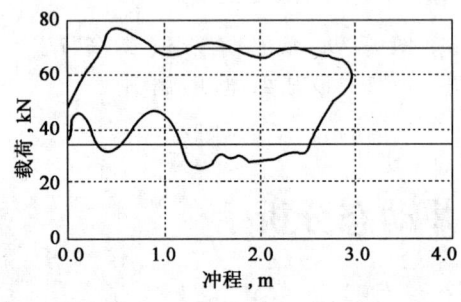

图9-20 2017年5月示功图

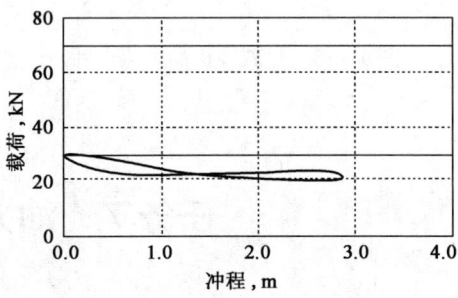

图9-21 2017年6月示功图

解:结合所给数据,分析该井生产中出现问题如下:从生产数据表中可以看出,该井5月份生产正常,产液量为65t/d,产油量为11t/d,含水率为83.6%,动液面为496.5m,泵效为69.8%,上、下电流分别为57A、49A,示功图正常,各项生产数据稳定。生产至6月份,产液量为4t/d,没有产油,含水率为90.4%,液面到井口,泵效为4.2%,上、下电流分别是33A、56A,相差很大,从示功图上看,载荷明显减小,图形接近一条线,说明没有抽液。

油井产液量突然下降,泵效下降,井下液面上升到井口,抽油机电流有较大变化,上电流小,下电流大,从6月份示功图显示上、下载荷线接近,图形在下理论线载荷线附近。综合分析,认为存在以下4种情况:(1)抽油杆在底部断脱;(2)脱节器脱落;(3)油管断脱;(4)柱塞未进入工作筒。

经分析发现:(1)由于不是新下泵或新检泵的井,柱塞未进入工筒的情况可以排除;(2)泵径为56mm,所以不会出现脱节器情况;(3)因为憋压15min,油压升0.1MPa,说明泵根本没有起到抽油作用;停机5min压力不降,说明阀门、油管没有漏失,因此又把油管断脱排除。所以,该井生产中出现的问题为:抽油杆在底部断脱。

该井出现问题的原因如下:抽油机正常生产时驴头的最大载荷来自两个方面:抽油杆自重和液体的质量。当抽油杆断脱后,驴头的载荷只有剩余杆的自重,载荷明显减小。当抽油杆上行程时,由于井下一端负荷小,靠平衡块的质量即可将驴头拉起,电动机做功小,电流下降;当抽油杆下行程时,由于井下一端的负荷小,平衡块将要靠电动机做功来举升上去,电动机做功大,电流上升。

所以,抽油杆断脱后电动机的上行电流会下降,下行电流上升,断脱的部位越是靠上,电流的变化值就越大。当抽油杆在活塞附近断脱时,示功图图形位置较高,位于理论下载线附近;当抽油杆柱在上部断脱时,示功图图形位置较低,靠近基线。

下一步措施为:作业检泵。

三、技术要求

(1)所用资料要真实,对比分析要清楚。
(2)曲线要清晰,比例适当,阶段分明。

任务8 注水井单井动态分析

一、任务描述

注水井单井动态分析是通过对各种资料、图标、曲线的分析,找出注水井存在的问题,提出解决问题方法的一项操作。要求掌握基本分析方法和步骤,对注水井动态变化做出正确分析与判断,写出分析结果。

二、任务操作

1. 准备工作

(1)录取资料:某注水井某一阶段生产动态数据及测试数据,包括注水方式、注水量、配注量、测试水量、压力(流压、静压、油压)、分层吸水数据、洗净水质化验检查情况、井下配水管柱图等。

(2)工具、用具:纸、笔、尺、橡皮、计算器。

2. 操作步骤

(1)统计整理生产数据注水时间、注水方式、日注水量、注水压力、配水量、多层吸水量、合格率等。

(2)绘制阶段注水井注水曲线,把要统计的各项资料数据绘制在同一坐标系内,横坐标为时间,以月为单位,画出近3个月的注水曲线,从上方依次为(不必非照次序)配注水量、实际注水量、各小层吸水量、注水压力、注开井时间。

(3)初步分析实际注水量宏观变化,即对比实际注水量与配注水量的差距,最好两者接近。较好即差值幅度在±10%内,较差即差值幅度超出±20%,其中,+20%为超标,是开发方案不允许的,这是人为可以控制的(一般不可能出现),-20%为欠注,是单井生产动态分析的主要内容,通过分析可确定是一直欠注的,还是某一时刻引起突变的。

(4)注水生产动态变化状况。若是最好,就要分析各水层实际吸水量与配水量情况,若没有超欠小层就可以得出结论——注水井注水状况量好,全井及分层吸水达到方案要求,应继续保持下去否则就要继续分析,超注的找出人为调整注水量的原因,欠注的要进行对比分析。

(5)依据步骤(3)列出对比表,对前后注水量、配注量、注水压力、测试水嘴及水量进行对比并计算出差值,结合井下管柱及测试资料分析实际注水情况,找出原因:
①是否注水压力低(干线系统泵压不够);
②是否水质有问题;
③仪表计量有无问题;
④井下水嘴有无堵塞现象;
⑤若长时间(历史性的)吸水不够,这说明是地质原因或配水量过高造成的。

(6)写出分析结果(评估报告)及措施意见:
①较好的情况继续保持;
②如果较差且是注水井管理的问题,就应严格执行定压量注水指示牌;
③如果是地层方面的问题,应采取调整措施,如调整配注水量,或对注水层段实施压裂改造、酸化处理或调剖措施等。

【例】图9-22是某注水井注水曲线图,试对该井进行动态分析。

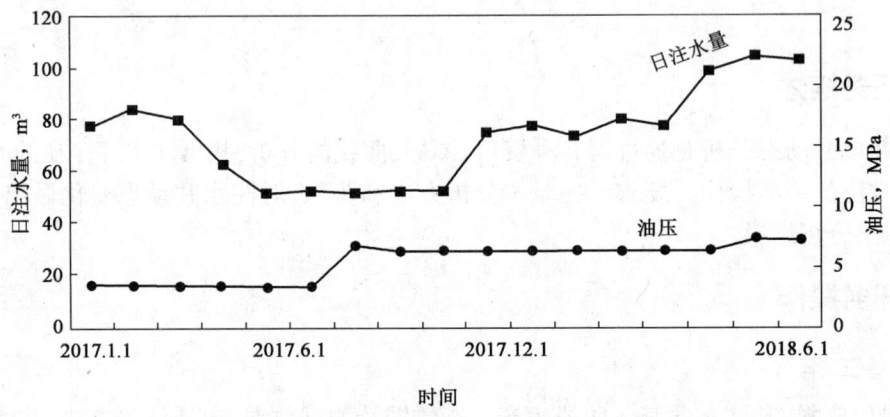

图9-22 注水曲线图

该井配注100m³/d,自注水以来,一直未达到配注要求,且随着油压增大,日注逐渐没有明显增加,水质分析结果表明,总铁偏高一倍,所以对水质进行处理后,日注逐渐上升。

三、技术要求

(1)所用资料要真实、准确,数据对比分析要清楚。
(2)绘图曲线要清晰,比例适当,阶段分明。

习 题

一、单项选择题

1. 在绘制采油曲线时,横坐标为( )。
   (A)日历时间　　(B)生产时间　　(C)产量　　(D)压力
2. 采油曲线是将( )数据以曲线的方式绘制在方格纸上。
   (A)油井综合记录　(B)井史　　(C)产能资料　　(D)压力资料
3. 油井采油曲线反映各开采指标的变化过程,是开采指标与( )的关系曲线。
   (A)抽油井　　(B)开采层位　　(C)井段　　(D)时间
4. 绘制采油、注水曲线的颜色一般要求日产液量、日产油量、含水分别用( )色。
   (A)红、深红、蓝
   (B)红、绿、黄
   (C)红、黄、绿
   (D)深红、红、蓝
5. 抽油机井采油曲线可以用来选择合理的( )。
   (A)工作制度　　(B)泵径　　(C)采油方式　　(D)泵深、泵径
6. 抽油机井示功图的解释不正确的是( )。
   (A)驴头悬点载荷与减速箱扭矩的关系
   (B)驴头悬点载荷与井口油压的关系
   (C)减速箱的扭矩与光杆位移的关系
   (D)驴头悬点载荷与光杆位移的关系
7. 对抽油机井示功图的解释不正确的是( )。
   (A)横向为光杆冲程 (B)横向有冲程损失
   (C)纵向为载荷 (D)纵向为冲速
8. 对有关抽油机井示功图的叙述正确的是( )。
   (A)抽油机井示功图只有实测的
   (B)抽油机井示功图只有理论的
   (C)抽油机井示功图既有实测的也有理论的
   (D)抽油机井示功图实测的影响理论的
9. 抽油机井实测示功图是对抽油机井( )的分析。
   (A)抽油杆柱重量 (B)油管柱重量
   (C)液柱重量 (D)抽油状况
10. 完整的抽油机井实测示功图应有( )内容。
    (A)清晰闭合的几何图形
    (B)清晰闭合的几何图形及一条直线
    (C)清晰的二条曲线
    (D)清晰闭合的几何图形、一条直线及二条虚直线
11. 图9-23是某抽油机井实测示功图,图中( )表示基线,( )表示下载荷(理论小)线。
    (A)①③　　(B)②①　　(C)③②　　(D)④③

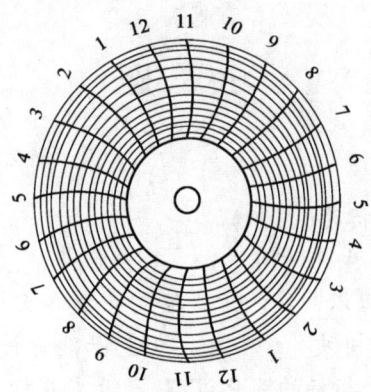

图 9-23 某抽油机井实测示功图

12. 注水指示曲线平行上移,斜率( ),吸水指数不变,地层压力升高。
    (A)无法确定　　　(B)变大　　　(C)变小　　　(D)不变

13. 注水指示曲线平行下移,斜率( ),吸水指数不变,地层压力下降。
    (A)为1　　　(B)不变　　　(C)变大　　　(D)变小

14. 注水指示曲线平行下移,斜率( ),吸水指数不变,地层压力下降。
    (A)为1　　　(B)不变　　　(C)变大　　　(D)变小

15. 注水指示曲线右移,斜率( ),吸水能力增强,吸水指数变大。
    (A)不变　　　(B)变大　　　(C)变小　　　(D)为1

16. 注水指示曲线平行上移,斜率( ),吸水指数不变,地层压力升高。
    (A)无法确定　　　(B)变大　　　(C)变小　　　(D)不变

17. 电动潜油泵井电流卡片是描绘( )曲线。
    (A)井下机组电流随时间变化的关系　　　(B)井下机组电流与井口产量的关系
    (C)井下机组电流与井底流压的关系　　　(D)井下机组扭矩随时间变化的关系

18. 电动潜油泵井电流卡片是装在( )。
    (A)井口接线盒内　　　(B)井下机组保护器内
    (C)地面控制屏内　　　(D)地面变压器上

19. 对如图9-23所示的电动潜油泵井电流卡片,错误的叙述是( )。
    (A)是一张日卡　　　(B)必要时也可当周卡用
    (C)电流卡片顺时针运行　　　(D)记录笔要放在左侧

20. 注水井动态分析的任务和内容包括:分析分层吸水能力的变化、( )、注水井增注效果。
    (A)注水井井下工作状况
    (B)注水井井下工作状况、配注水量对油井的适应程度
    (C)配注水量对油井的适应程度
    (D)油、套压变化及注水量变化

21. 注水曲线是动态分析的最基础的资料,其横坐标为( ),纵坐标为各项指标。
    (A)注水压力　　　(B)注水量　　　(C)时间　　　(D)层位

22. 注水井动态分析的目的就是使本井组内的各油井之间做到分层(　　)平衡,压力平衡水线推进相对均匀。
　　(A)采油强度　　(B)注水强度　　(C)注采　　(D)吸水

23. 动态分析的三大步骤可以概括为:针对油藏投入生产后,油藏内部诸因素都在发生变化等情况进行研究、分析;找出引起这些变化的原因和影响生产问题所在;进而(　　)。
　　(A)提出增产增注措施
　　(B)提出稳油控水措施
　　(C)提出调整挖潜生产潜力措施
　　(D)提出调整挖潜生产潜力、预测今后的发展趋势

24. 油井、水井动态分析是指通过大量的油井、水井第一性资料,认识油层中(　　)运动规律的工作。
　　(A)油　　(B)油、气、水　　(C)油、气　　(D)水

25. 油水井动态分析是指通过大量的油井、水井(　　)资料,认识油层中油、气、水运动规律的工作。
　　(A)第一性　　(B)工程　　(C)动态　　(D)静态

26. 通过大量的油井、水井第一性资料,认识油层中油、气、水运动规律的工作是(　　)动态分析。
　　(A)单井　　(B)油井　　(C)油井、水井　　(D)水井

27. 油井动态分析的任务是拟定合理的(　　),提出合理的管理及维修措施。
　　(A)生产时间　　(B)泵效　　(C)工作制度　　(D)采油指数

28. 油田动态分析的方法中,(　　)是把生产、测试中取得的数据整理成图幅或曲线,找出变化规律。
　　(A)统计法　　(B)作图法　　(C)平衡法　　(D)对比法

29. 油田动态分析方法中,(　　)是把各种生产数据进行统计、对比,找出主要矛盾。
　　(A)统计法　　(B)对比法　　(C)平衡法　　(D)图表法

30. 油田开发中,动态分析所需要的基本资料有(　　)。
　　(A)动态分析、静态资料和工程资料三类
　　(B)动态资料、静态资料和化验资料三类
　　(C)动态资料、工程资料两类
　　(D)动态资料、化验资料两类

二、判断题(正确的打"√",错误的打"×")
　　(　　)1. 抽油机井示功图是描绘抽油机井扭矩与光杆位移的关系曲线。
　　(　　)2. 抽油机井示功图有理论示功图与实测示功图之分。
　　(　　)3. 抽油机井的理论示功图是在一定测试条件下测出来的。
　　(　　)4. 注水指示曲线左移,斜率变小,说明吸水能力下降,吸水指数变小。
　　(　　)5. 注水井分层指示曲线常见的有倾斜直线、折线、垂线、上翘等四种形状。
　　(　　)6. 电动潜油泵井电流卡片在装好卡片以后的一周里,每天都要检查记录卡片上反映的电流运行情况和大小,如果有停机等原因就要及时在卡片相应的位置上标注清楚。

(　　)7.采油井资料的整理主要包括综合记录、采油曲线和井史数据等。
(　　)8.抽油井采油曲线不能用来选择合理的工作制度。

三、简答题
1.什么是采油曲线？有何应用？
2.油井动态分析的重点内容是什么？
3.动态分析所需的采油井资料有哪些？
4.在油水井动态资料中有关压力资料有哪些？

项目十
采油自动化管理

随着计算机及互联网技术的飞速发展,信息数字化成为了一种趋势,"数字油田"的概念应运而生。互联网的发展为油田数字化管理提供了技术上的支持和保障。油田数字化建设为企业提高了工作效率、增加了企业经济效益和社会效益。

数字油田是以油气田数字化为基础,以网络为依托,以信息技术为手段,以推动科研创新、优化生产运行和规范经营管理为目的的综合系统。数字油田具有资源数字化、技术一体化、信息集成化、业务协同化、管理集约化、决策科学化等特征,实现了生产过程实时监控和远程操作。采油生产自动化管理是一个复杂、多层级、跨平台的信息化系统,能实现油井生产数据录入、功况诊断、油井生产维护等多种功能。

任务1 油水井信息采集与展示平台的使用

一、任务描述

油水井信息采集与展示平台是数字油田的一个组成部分,本平台能够实现油水井各项生产数据的录入、查询,各种动态生产数据、生产曲线和测试图形的实时查询,是目前中石油内部统一的数字化平台。本操作以生产数据的录入及查询为例,演示平台的使用方法。

二、任务操作

1. 准备工作

工具、用具:计算机一台、生产信息管理平台一套、记录笔一支、记录纸若干

2. 操作步骤(视频21)

(1)打开计算机,启动 IE 浏览器。

(2)在地址栏中输入生产信息管理平台网址或在收藏夹中打开收藏地址,打开平台入口。

(3)录入用户名、密码,进入生产信息管理系统。

(4)根据工作内容,对相关数据进行维护,未授权用户只能进行数据查询和浏览,不能进行数据维护。

(5)可以实现抽油机井参数维护、螺杆泵井数据维护、电泵井参数维护、自喷井参数维护等操作。进入本单位界面,点击编辑按钮进行基础数据录入。

(6)抽油机井维护界面,按要求录入相关数据。同时,也可对电泵井、自喷井进行数据维护。

视频21 油水井信息采集与展示平台的操作

(7)查询相关图形数据,如示功图查询。打开抽油机井单井综合管理项,进入示功图查询界面。此外,还可查看泵效与含水、压力、温度、电参、载荷和日产量随时间变化图。

(8)操作完成后,关闭浏览器,按关机程序关闭计算机。

3. 技术要求

(1)熟练操作计算机。

(2)熟悉网络操作。

三、操作安全要求

(1)按开关计算机操作程序进行相关操作。

(2)数据调整要严格核对,防止发生误操作。

(3)进入系统要求进行授权,并严格保密程序,防止发生泄密行为。

任务2 压力变送器的安装操作

一、任务描述

压力变送器的安装操作是将检验合格的压力变送器安装到预定油水井位置的一项操作。油水井一般采用无线压力变送器进行数据传输,站库中基本采用有线压力变送器传输数据,但在实际生产中,受修井作业、工艺流程调整等情况的影响,以及压力变送器作为计量仪表需要定期送检来保证数据的准确性,这就要求员工能够正确掌握压力变送器的拆、装操作。

二、任务操作

1. 操作准备

(1)工具、用具准备:200mm 活动扳手一把、250mm 活动扳手一把、150mm 十字螺丝刀一个,生料带、细纱布若干。

(2)材料准备:有线连接线一条,无线、有线压力变送器各一块。

2. 操作步骤

1)选择、设置压力变送器

(1)选择合适量程的压力变送器,测量值在变送器量程的 20%~80% 为宜。压力变送器外观无损坏,有检验合格证。

(2)根据设备情况,确定压力变送器的安装位置,进行压力变送器的相关参数设置。

(3)查询被替换压力变送器地址、频点、传感器位置等信息。

(4)若无法通过上一步确定需要设置的压力变送器参数,则通过查询主机(FUN 键—系统设置—RF905 地址、RF905 频点),传感器位置通过安装位置确定(油压5,套压6,回压7)。

(5)油井安装的设备中,载荷传感器的物理地址是固定唯一的,因此压力变送器在安装前应该先确认载荷传感器的地址。

参 考 文 献

[1] 侯玉芳,张凤桐,李洪斌. 采油工. 北京:石油工业出版社,2007.
[2] 中国石油天然气集团公司职业技能鉴定指导中心. 采油工. 北京:石油工业出版社,2013.
[3] 金潮苏,范昆仑,高书香. 采油工程. 2 版. 北京:石油工业出版社,2015.
[4] 唐磊. 采油基本技能操作读本. 北京:石油工业出版社,2006.
[5] 中国石油天然气集团公司人事服务中心. 采油工(上、下册). 北京:石油工业出版社,2004.
[6] 郑爱军. 采油工程实训指导. 北京:石油工业出版社,2007.

(   )3. 便携式可燃气体报警器为手持式,工作人员可随身携带,检测不同地点的可燃气体浓度,便携式气体检测仪集控制器、探测器于一体,小巧灵活。

(   )4. RTU 称为远程终端控制系统,是由信号输入/出模块、微处理器、有线/无线通信设备、电源及外壳等组成的在远端控制现场设备,获得设备数据,并将数据传给 SCADA 系统的一种耐用的现场智能处理器。

(   )5. PLC 称为远程终端控制系统,是由信号输入/出模块、微处理器、有线/无线通信设备、电源及外壳等组成的在远端控制现场设备,获得设备数据,并将数据传给 SCADA 系统的一种耐用的现场智能处理器。

(   )6. 井口数据采集器主要由载荷传感器、位移传感器、电流互感器、电压互感器和电参数采集模块构成。

(   )7. 井口数据采集器主要由载荷传感器、位移传感器、电流互感器、电压互感器、电参数采集模块和温度变送器构成。

(   )8. 载荷传感器是一种将诸如重力、加速度、压力以及类似东西所产生的力转换为可传送的标准输出信号的仪表,主要用于工业过程载荷参数的测量和控制。

(   )9. RTU 中文全称为远程终端控制系统,通常由信号输入/出模块、微处理器、有线/无线通信设备、电源及外壳等组成,由微处理器控制,并支持网络系统。

(   )10. 井场主 RTU 将井口数据采集器测得的状态或信号转换成可在通信链路上传输的数据格式,传输至站点工控机和 PC 机;它还将从站点工控机和 PC 机发送来得数据转换成指令,实现对远程设备的功能控制。

(   )11. 井场视频服务器将井口数据采集器测得的状态或信号转换成可在通信链路上传输的数据格式,传输至站点工控机和 PC 机;它还将从站点工控机和 PC 机发送来得数据转换成指令,实现对远程设备的功能控制。

(   )12. 井场主 RTU 通过 TCP/IP 协议与注水阀组协议箱通信,实时采集注水井口压力、瞬时流量、累计流量、汇管压力等实时参数。

(   )13. 现代计算机主要有系统主板、RTU、硬盘、DVD - ROM 驱动器、软盘驱动器、显示卡、网卡、内存、声卡、电源、显示器、键盘、鼠标构成。

(   )14. 站控系统由负责数据采集的硬件设备和负责分析管理的软件部分构成。

(   )15. 登录站控系统,打开电子巡井界面,点击井场号,可以查看油井产液量趋势曲线。

(   )16. 登录站控系统,打开流程监控界面,可以查看注水井注水量趋势曲线。

10. 站控系统由负责数据采集的( )和负责分析管理的软件部分构成。
    (A)监控部分　　(B)硬件设备　　(C)控制设备　　(D)视频监控设备
11. 组态是工业自动化生产控制中使用应用软件提供的( ),自动完成生产中某一具体任务的过程。
    (A)工具　　(B)方法　　(C)工具、方法　　(D)控件
12. 组态软件、( )、视频监控系统、站内生产监控系统共同组成站控系统。
    (A)操作系统　　　　　　　　(B)数据库系统
    (C)油藏经营决策支持系统　　(D)示功图计量软件
13. 站控系统登录界面中输入( )和密码,才可以进入站控系统。
    (A)用户名　　　　(B)手机号码
    (C)身份证号码　　(D)姓名
14. 登录站控系统,打开( )界面,可以查看油井产液量曲线。
    (A)流程监控操作界面　　(B)井组导航
    (C)电子巡井　　　　　　(D)电子报表
15. 在站控系统电子巡井的井场数据采集界面中可查看油井( )参数。
    (A)产液量、运行状态　　(B)压力、温度
    (C)产液量、温度　　　　(D)功图、压力
16. 在站控系统电子巡井的井场数据采集界面中把"油井数据"窗格中井号前的空格打上对勾,然后点击( )可以在"油井产液量趋势曲线"窗格中查看每小时产液量曲线。
    (A)手动读功图　　(B)切换到小时产量
    (C)打印　　　　　(D)以上都可以
17. 登录站控系统,打开( )界面,可以查看水井注水量曲线。
    (A)流程监控操作界面　　(B)井组导航
    (C)电子巡井　　　　　　(D)电子报表
18. 登录站控系统后在哪一个界面可以对水井配注信息进行修改( )
    (A)井组导航　　(B)电子巡井　　(C)报警设置　　(D)流程监控
19. 在站控系统电子巡井的井场数据采集界面中可查看水井( )参数。
    (A)注水压力　　(B)昨日注水量　　(C)注水量　　(D)以上都有
20. 在站控系统电子巡井的井场数据采集界面中把"阀组间数据"窗格中井号前的空格打上对勾,可以在"注水井井产液量趋势曲线"窗格中查看( )。
    (A)日注水趋势曲线　　(B)注水压力曲线
    (C)累计注水量曲线　　(D)以上都可以
21. 根据( )可以对油井抽油泵工作状况进行分析。
    (A)油井功图　　(B)三相电参　　(C)载荷数据　　(D)油井产液量曲线
22. 站控系统中,( )可以对任意时间段内的历史功图进行查询和分析。
    (A)生产曲线　　(B)功图分析　　(C)电子巡井　　(D)流程监控

二、判断题(正确的打"√",错误的打"×")
( ) 1.流量检测传感器是将流量转换为可传送的标准输出信号的传感器,也称流量计。
( ) 2.数模转换器是指一个将模拟信号转变为数字信号的电子元件。

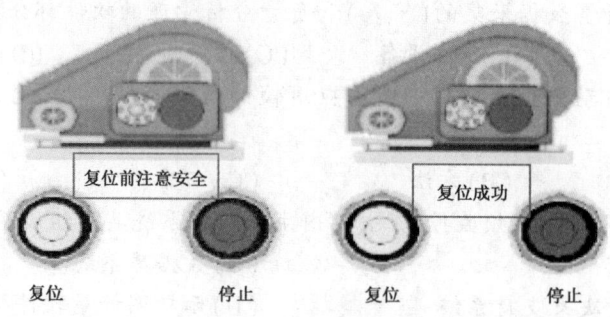

图 10-6 注水泵启动状态

三、操作安全要求

(1)关机时先退出所有打开的程序,再关机。
(2)点击"开始"关机程序关闭计算机。

习 题

一、单项选择题

1. 压力变送器是一种将( )转换为可传送的标准输出信号的仪表。
   (A)压强变量　　　(B)压差变量　　　(C)压力变量　　　(D)电信号
2. 压力变送器的输出信号与压力变量之间有一定的连续函数关系,通常为( )。
   (A)几何函数　　　(B)数学模型　　　(C)非线性函数　　(D)线性函数
3. 压力变送器通常由两部分组成:( )、信号处理与转换元件。
   (A)感压元件　　　(B)保护元件　　　(C)信号元件　　　(D)线性元件
4. 选择压力变送器时,通常需要选择一个具有比测量介质所能产生压力的最大值还要大( )倍左右的压力量程的变送器。
   (A)1.5　　　　　(B)2　　　　　　(C)3　　　　　　(D)0.5
5. 在井场( )安装压力变送器,采集井场集油管线压力。
   (A)集油管线出口　(B)油井管线出口　(C)每台抽油机上　(D)井口
6. 井控系统由负责数据采集的( )和负责分析管理的软件部分构成。
   (A)监控部分　　　(B)硬件设备　　　(C)控制设备　　　(D)视频监控设备
7. 井控系统的井口数据功能包括:( )、单井数据、功图分析、泵况分析、注水数据、报警配置、历史报警。
   (A)流程监控、电子巡井　　　　　(B)井组导航、流程监控
   (C)井组导航、电子巡井　　　　　(D)流程监控、流量监测
8. 组态软件、( )、视频监控系统、油水井监控系统共同组成井控系统。
   (A)操作系统　　　　　　　　　　(B)数据库系统
   (C)油藏经营决策支持系统　　　　(D)示功图计量软件
9. 站控系统是集( )、自动控制和智能分析于一体的综合生产管理系统。
   (A)数据采集　　　(B)生产监控　　　(C)流量监测　　　(D)油气当量监测

2)机泵运行状态说明

(1)"红色"为表示机泵停止。

(2)"绿色"为表示机泵工频运行。

(3)"蓝色"为表示机泵变频运行。

(4)"火焰闪烁"为表示加热炉运行。

(5)"火焰停闪"为表示加热炉停运。

3)保护功能说明

(1)注水泵联锁保护功能。

①注水泵进口压力低—低限停泵;

②注水泵出口压力高—高限停泵;

③注水泵泵温度高—高限停泵;

④输油泵联锁保护功能。

(2)输油泵进口压力低保护。

机泵联锁保护中,压力、温度波动均延时5s,如5s内压力恢复正常,则联锁功能不动作,以免误动作。

(3)生产工艺保护功能。

输油泵停止,旁路阀自动开启,输油泵运行,旁路阀自动关闭。

4)参数设置

(1)点击"联保护关"按钮。根据操作人员的操作级别输入用户名和密码,此时可打开联锁保护,联锁功能启用。

(2)注水泵远程停泵操作。先点击"注水泵控制",弹出如下界面(图10-5)。点击"停止",当"复位成功"变为"复位前注意安全"即停泵操作完成。

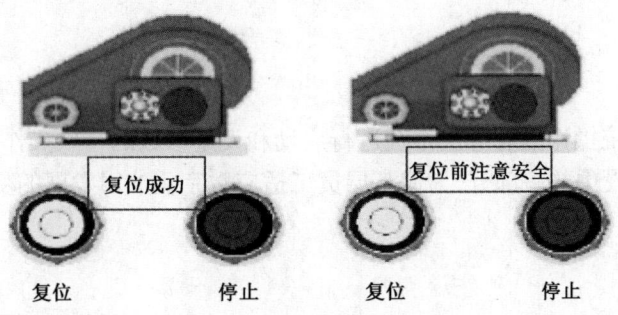

图10-5 注水泵停泵状态

(3)注水泵启动操作。点击"复位"(注注水泵启动前必须进行复位操作),"复位前注意安全"变为"复位成功"可进行现场启泵,如图10-6所示。

(4)其他功能。除以上功能外,平台还能实现开始查询、打印功能、导出功能。

3.技术要求

(1)熟练操作计算系统和管理系统。

(2)熟练使用计算机及外设。

(2)定期检查仪表使用质量,是否达到准确、灵敏,关闭仪表阀,打开放空,检查压力是否落零。

(3)定期检查仪表零部件完整无缺,无严重锈垢、损坏。

(4)定期检查铭牌清晰无误,紧固件不得松动,接插件接触良好。

(5)定期检查一次现场测量线路,包括输入、输出回路是否完好,线路有无断开、短路情况,绝缘是否可靠等。

(6)长期停用变送器时,应关闭一次仪表阀,放空。

(7)进入冬季生产,应提前做好仪表的防冻保温工作,对过流面积狭窄的地方进行包扎保温。

(8)制定详实的排污计划,针对易冷凝、易结晶、易沉积介质等安装位置的仪表,应制订详细的放空排污计划,排出粉尘、油垢、微小颗粒等在沉积物。

3. 技术要求

(1)压力变送器需经专业机构检测并有检测标志。

(2)数据连接线要用专用线连接。

三、安全操作要求

(1)安装时拧动仪表外壳,影响精度。

(2)有线压力变送器接线时,未断电操作。

(3)开关阀门不侧身,造成高压伤害。

(4)活动扳手使用不当造成伤手。

任务4 站库无人值守系统操作

一、任务描述

站库无人值守系统操作是对应用系统进行启动和设定参数的一项操作。站库无人值守系统是油田数值化模式建设中的一部分,为使基层员工适应数字化油田发展的变革,要求熟练掌握该系统的相关知识。

二、任务操作

1. 准备工作

工具、用具、设备:计算机。

2. 操作步骤

1)接转站无人值守系统启动

(1)开机后,计算机启动后设有自动运行方式,延时时间为1000ms。如开机后未能自己启动,可以按以下三种方式进入平台监控系统。

(2)开机后进入桌面,双击"力控"启动程序图标或进入程序选择"力控",启动系统。

3. 技术要求

(1)红线接正极黑线接负极。

(2)压力送器要有检测合格标签。

三、操作安全要求

(1)不按要求穿戴劳动保护用品。

(2)活动扳手反使或推扳手造成伤手。

(3)安装时拧动仪表外壳。

(4)安装时未用生料带,造成与管道密封不良。

(5)拆卸重新安装时未确认前后盖的防水密封,造成进水,损坏仪表。

(6)开关阀门不侧身。

(7)量程选择不当,实际压力值超过压力变送器满度值。

(8)压力变送器在携带、使用过程中因震动或撞击造成损坏。

(9)安装有线压力变送器时,接线错误,造成仪表损坏。

(10)在没有安全监护情况下进行作业。

任务3　压力变送器的维护

一、任务描述

压力变送器的维护操作是指在压力变送器出现故障后,为使压力变送器能正常工作而进行的一项维护操作。压力变送器的正常工作与否对录取数据的准确性起到关键作用。因此,必须经常对压力变送器进行检查和保养,确保压力变送器能正常工作。

二、任务操作

1. 操作准备

工具、用具、材料:150mm 十字螺丝刀,300mm 活动扳手1把,棉纱若干。

2. 操作步骤

1)日常检查

(1)值班员工进行巡回检查时,需要检查仪表数值情况,数值有无波动,与计算机显示的二次数值是否一致。

(2)检查环境温度、湿度、清洁状况。

(3)检查仪表和仪表阀之间有无渗漏、腐蚀。

(4)新校检的仪表安装前应检查量程是否合适。

(5)使用干净棉纱或者擦布,对压力变送器进行卫生清扫,保持压变及附件的清洁。

2)定期维护

(1)定期进行校验,检查后端盖接线情况,螺栓是否松动,端盖内是否有磨损。

2)检查流程

(1)检查设备流程,检查各阀门开关状态,有无渗漏情况。

(2)关闭仪表阀,侧身打开放空阀门,泄压,当压力落零后方可进行操作。

3)安装压力变送器

(1)清理压力控制阀门螺纹。

(2)将准备安装的压力变送器顺时针缠上生料带4~5圈。

(3)安装压力变送器时先用手缓慢上扣,再用扳手上紧上正。安装时不可拧动仪表外壳,应该用扳手拧传感器的六方体,如图10-1和图10-2所示。

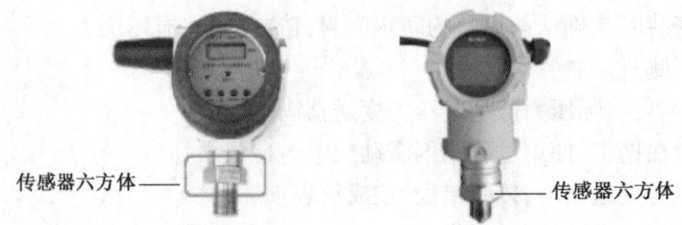

图10-1 无线压力变送器图　　图10-2 有线压力变送器图

(4)在安装有线压力变送器时,首先要断电,然后处理好线缆头,并用绝缘胶带包好,打开后方压盖(图10-3),将线缆一起穿进仪表进线孔,之后去掉其中一根线缆的绝缘胶带接到仪表的接线端子上,再去掉另一根线缆的绝缘胶带接入另一个接线端子,用起子拧紧螺栓,如图10-4所示。一般的接线原则为红线接仪表正极,黑色接仪表负极,特殊情况请根据厂家要求接线。在进线和出现时将供电线路的线缆头用绝缘胶带包好,防止正负极接触造成PLC机柜卡件烧毁等情况的发生。

 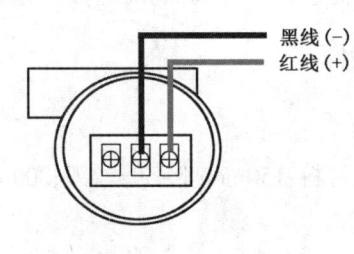

图10-3 有线压力变送器背面　　图10-4 有线压力变送器接线方法

(5)拆卸重新安装时应确保前后盖的防水密封,以免进水。

4)试压检查

(1)缓慢打开压力变送器控制阀,试压(有线压力变送器试压前要先接通电源)。

(2)观察有无渗漏,压力稳定时读取压力数据,做好记录。在主机上进行数据查阅,确认数据已经正常方可离开。

(3)清理现场,收拾擦拭工具、用具。